AMERICAN FOOTBALL ACTIVITY BOOK
For Kids

This Book Belongs To:

Thank You For Buying This Book

We hope that your child enjoys it.
if they do, please don't forget to
Leave an honest review to help others
Find out about the book.
Thank you !

⭐⭐⭐⭐⭐

COPYRIGHT© 2024

All rights reserved. No part of this book may be reproduced
or used in any manner without written permission of the copyright owner except
for the use of quotations in a book review and certain other
non commercial uses permitted by copyright law

TABLE OF CONTENTS

Color Test Page	4
Coloring Pages	5-23
Dot To Dot	25-33
Copy The Picture	35-37
Shadow Matching	39-43
Word Scrambles	45-47
Find The Diffrence	48-50
Cut & Paste	51-61
Tic Tac Toe	63-67
Word Search	68-72
Mazes	73-77
Cross Word	78-82
I Spy & Count	83-84

SOLUTIONS

Word scramble Solutions	85-87
Word search Solutions	88-92
Maze Solutions	93-97
Crossword Solutions	98-102

COLOR TEST PAGE

5

7

9

11

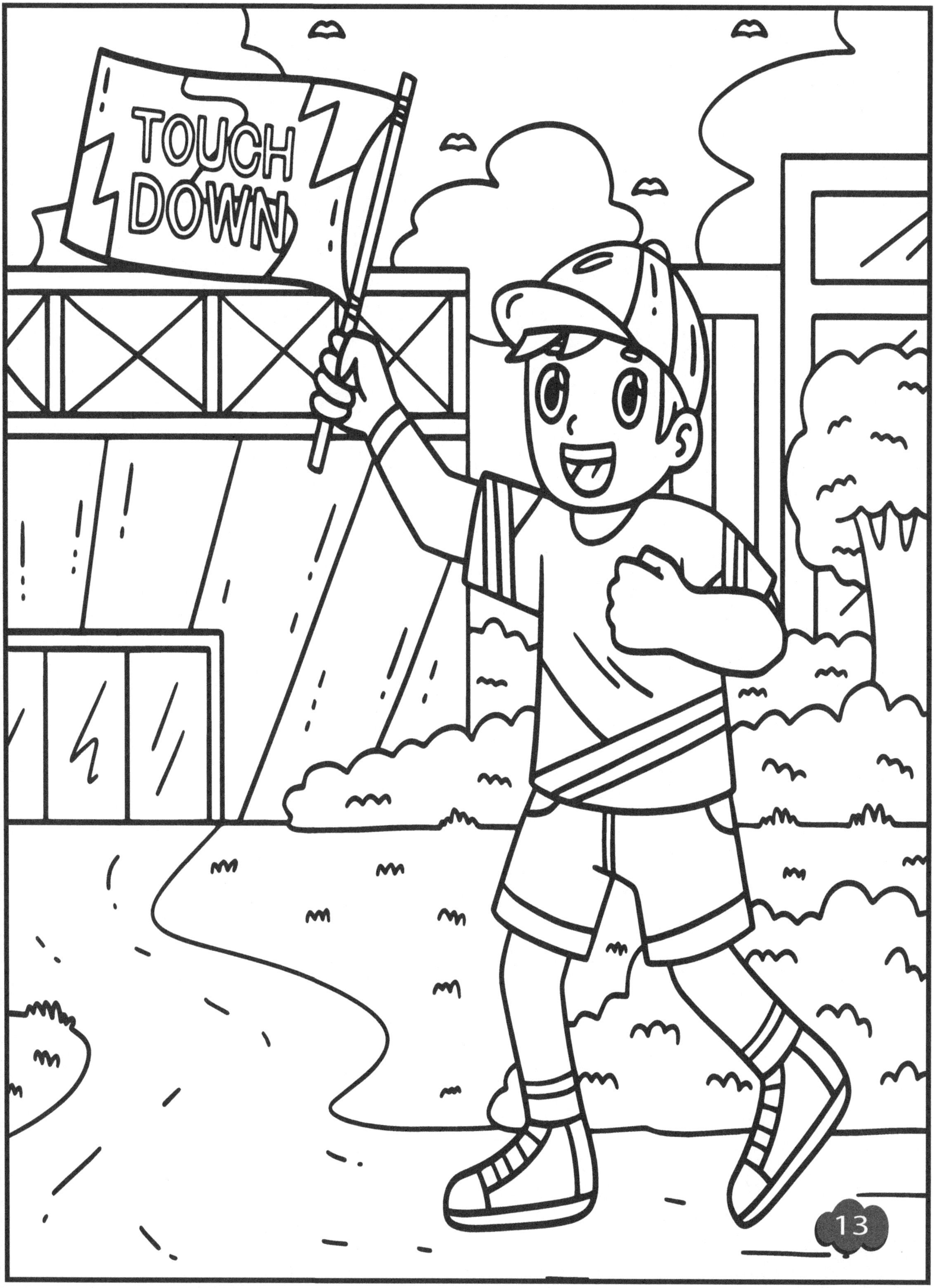
TOUCH
DOWN

15

17

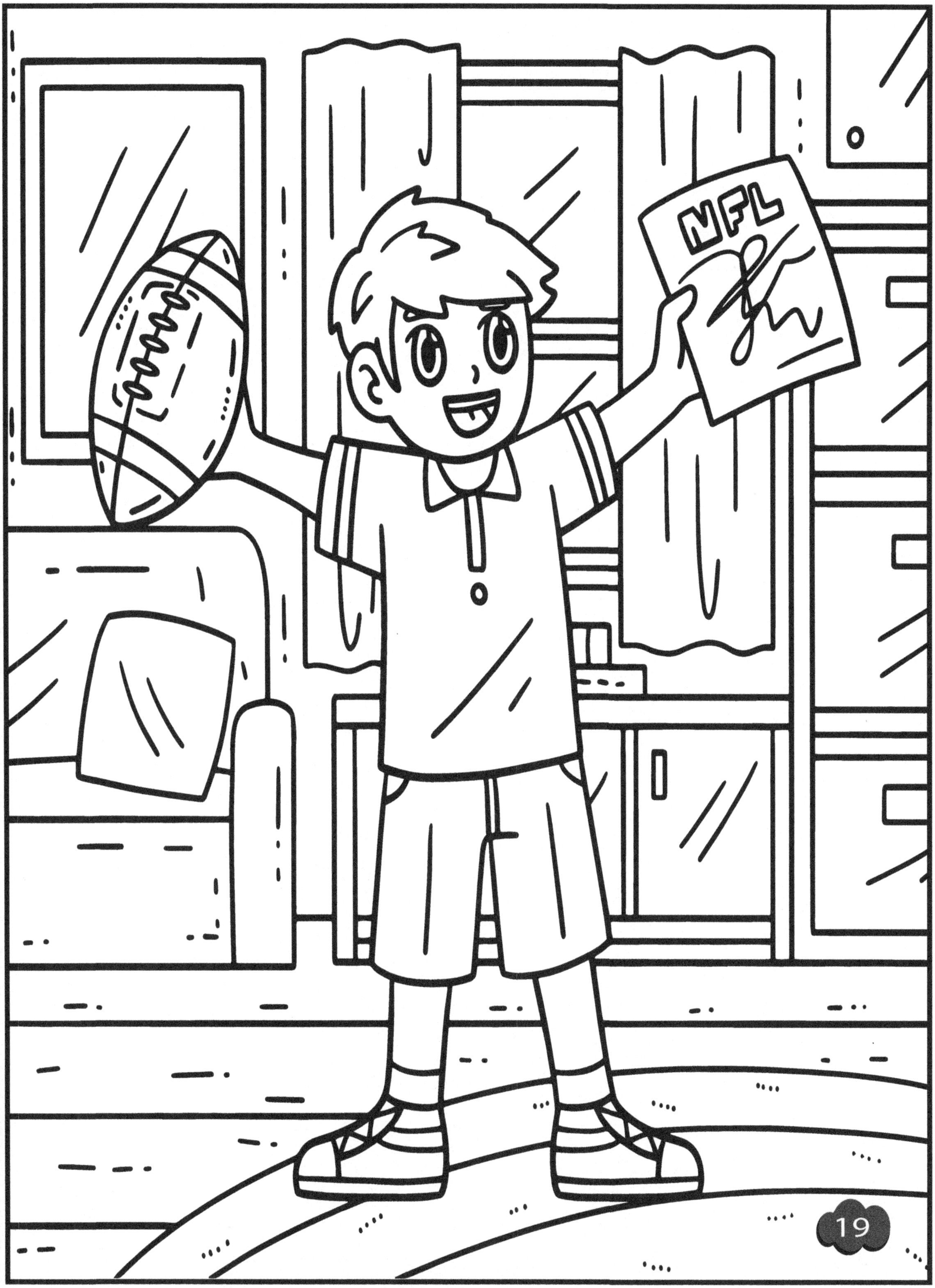
NFL

21

23

DOT TO DOT

☆ Color the picture brightly   ☆ Connect the Dots with Numbers

1
2
3
4
5
6
7
8
9

25

DOT TO DOT

☆ Color the picture brightly ☆ Connect the Dots with Numbers

27

DOT TO DOT

☆ Color the picture brightly ☆ Connect the Dots with Numbers

29

DOT TO DOT

☆ Color the picture brightly ☆ Connect the Dots with Numbers

31

DOT TO DOT

☆ Color the picture brightly ☆ Connect the Dots with Numbers

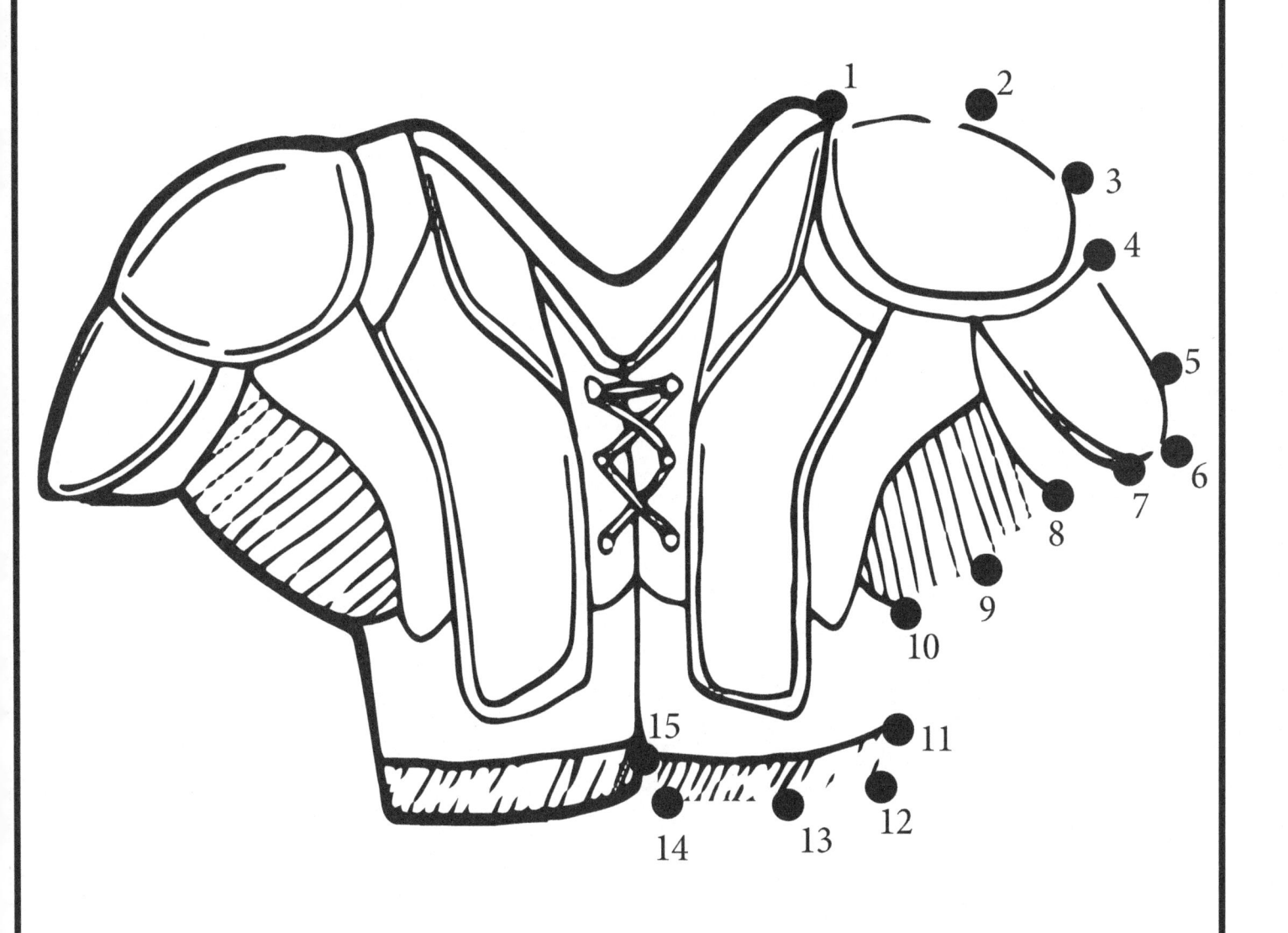

33

COPY THE PICTURE

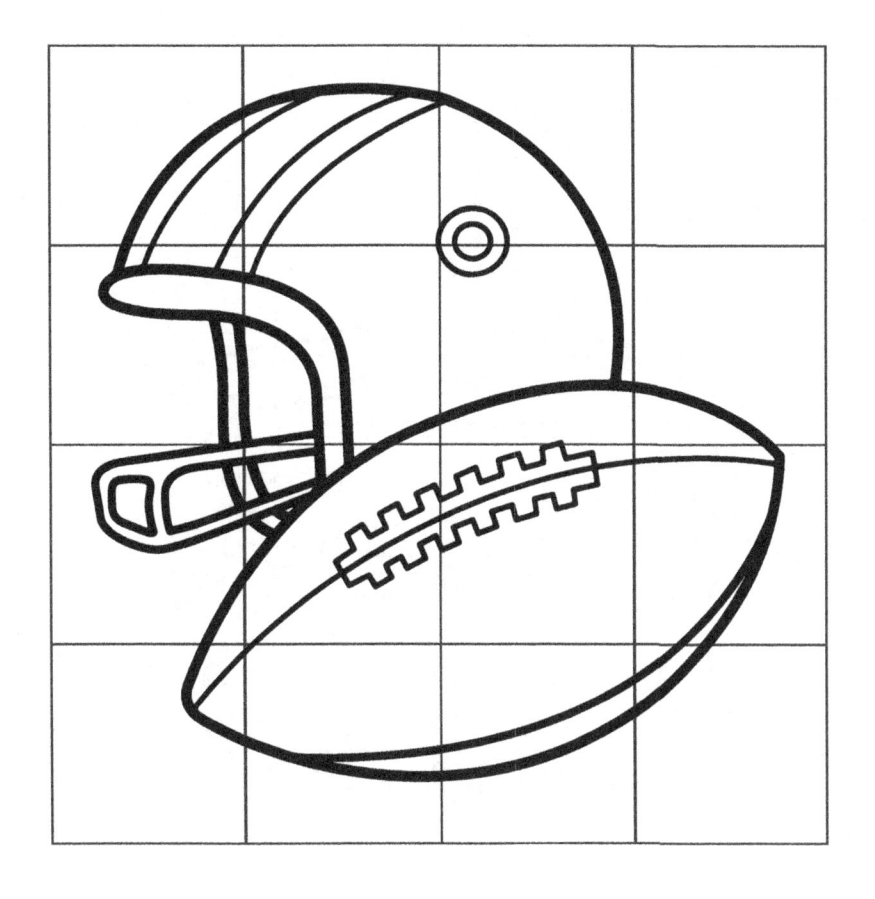

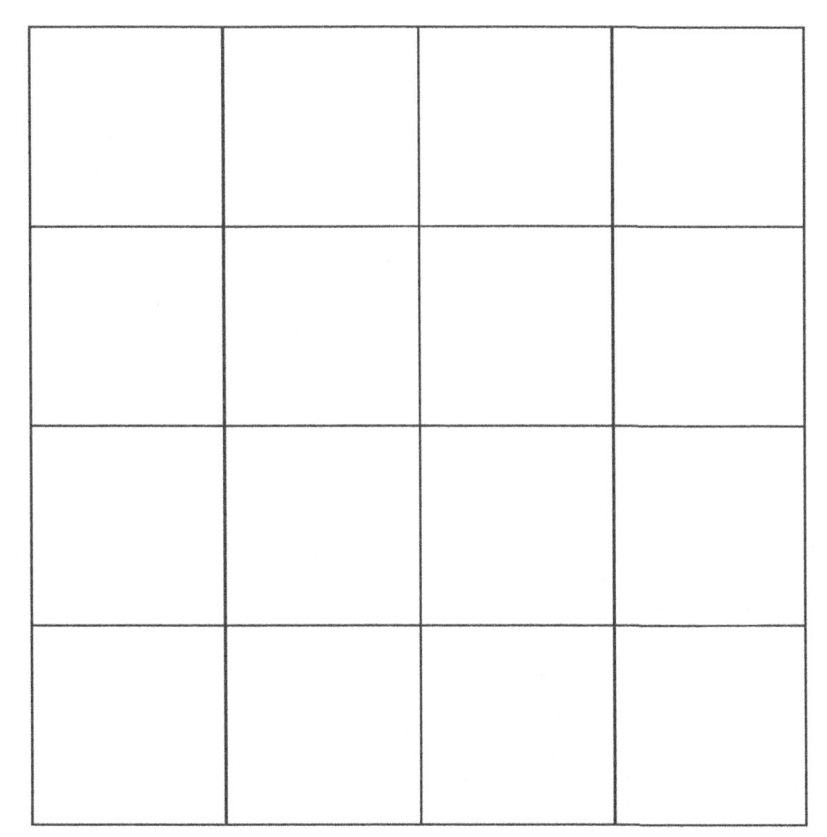

COPY THE PICTURE

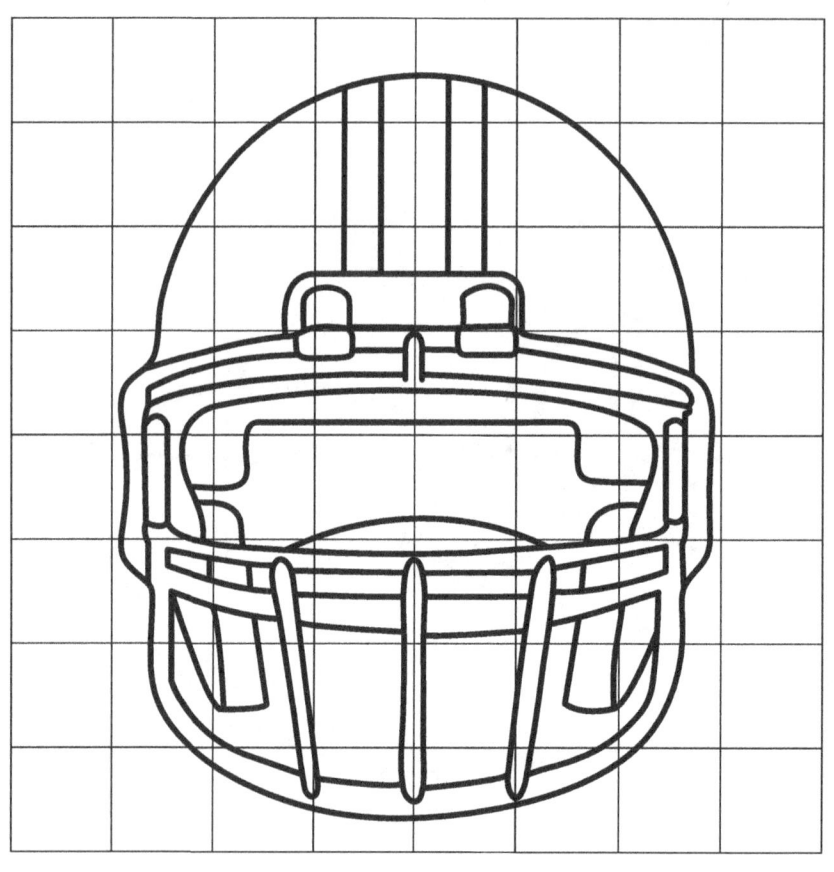

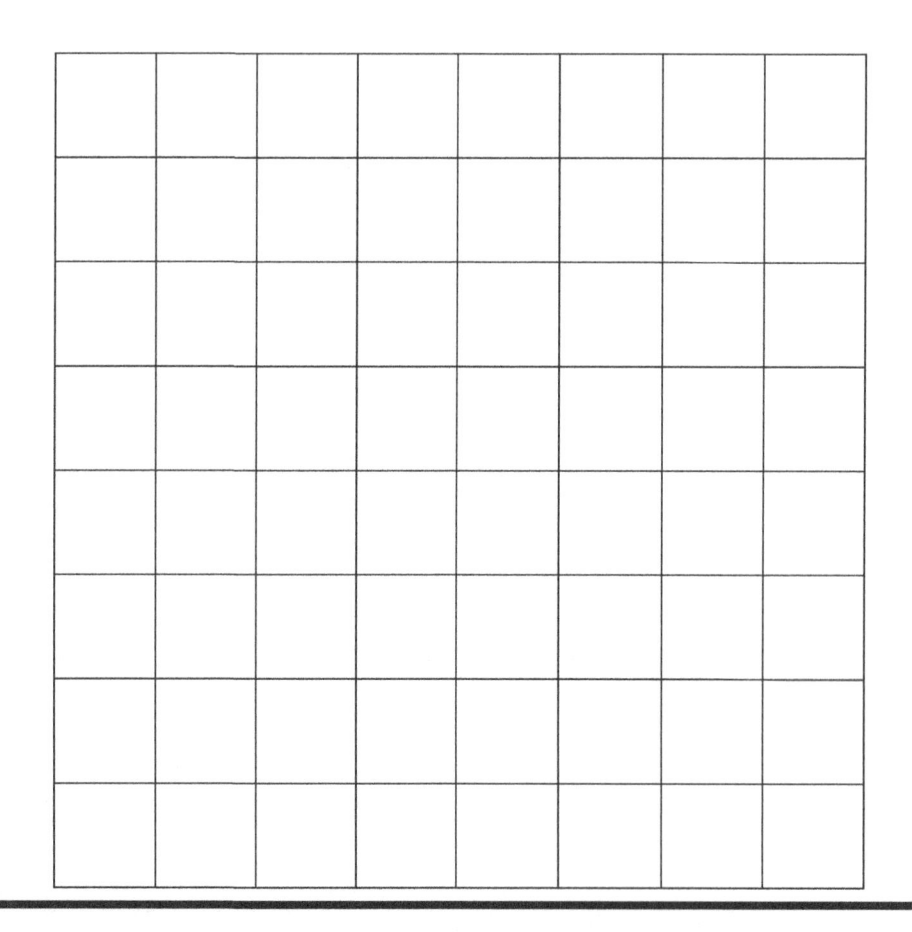

COPY THE PICTURE

37

Cut and paste pictures that match shadows

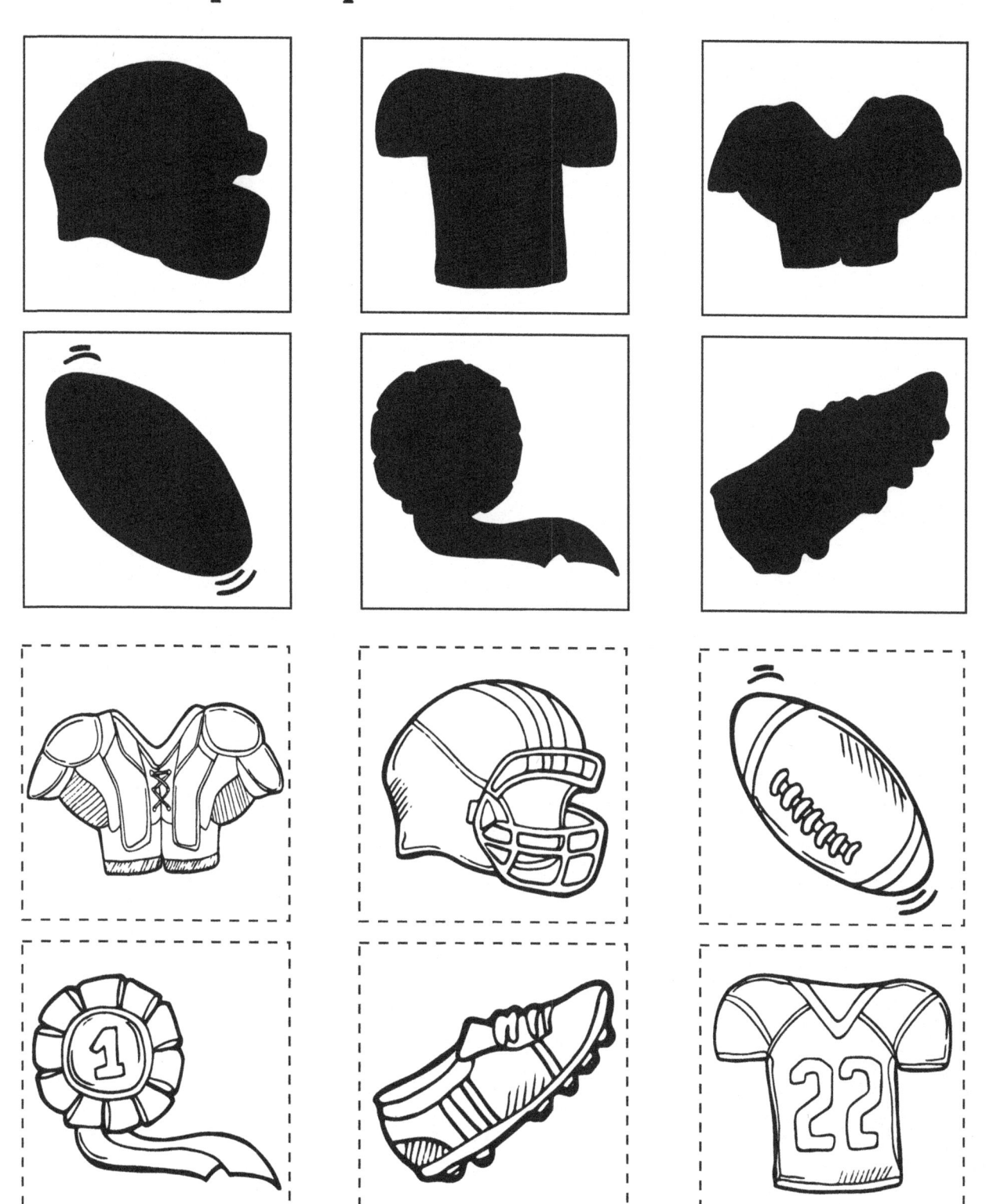

Cut and paste pictures that match shadows

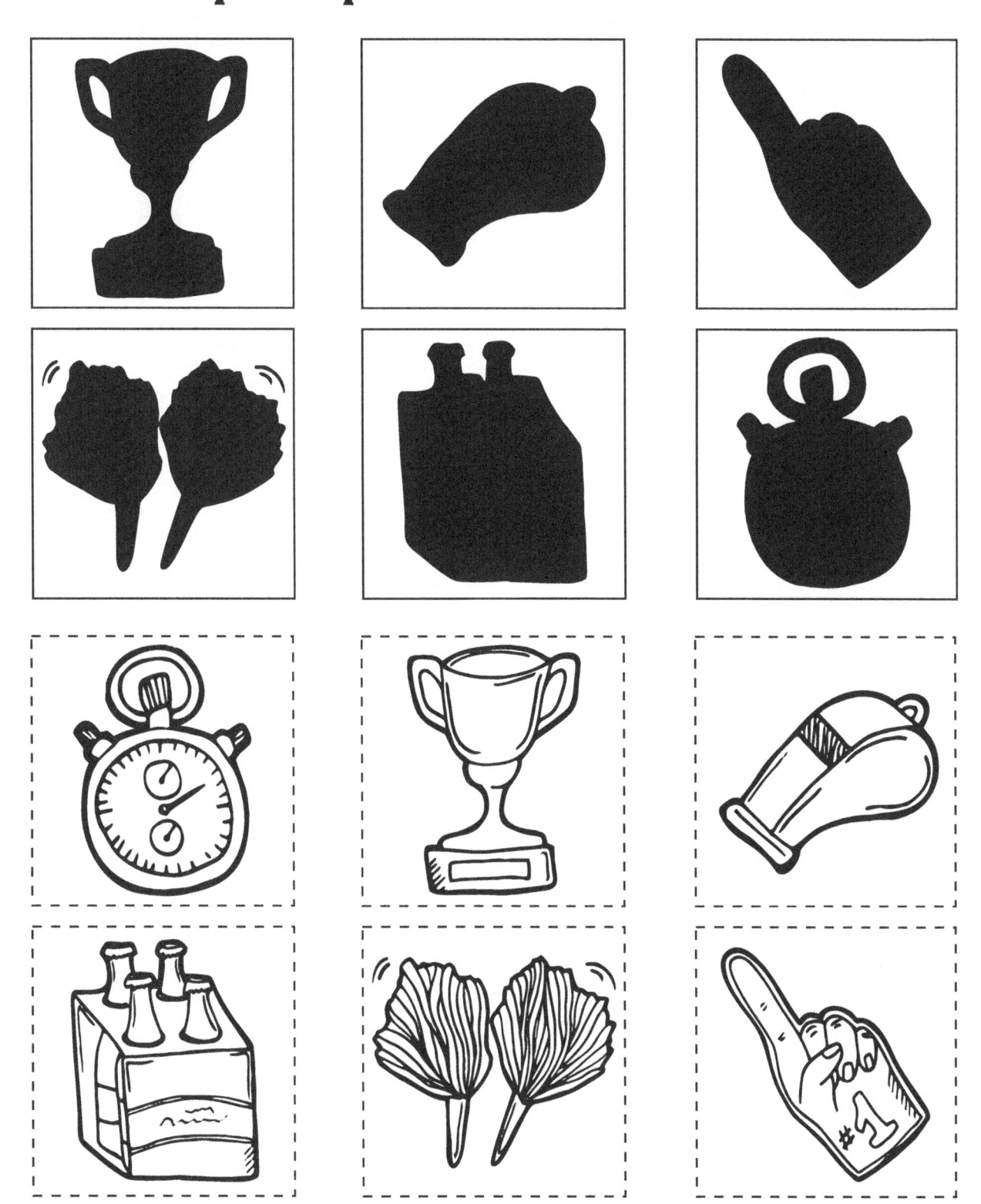

Cut and paste pictures that match shadows

American Football Word Scramble 1

1. EIKKRC _____
2. QETARCKURAB _____
3. NESEDEF _____
4. OTONWHCUD _____
5. ALLFDGEIO _____
6. DNETGTIH _____
7. OENEZND _____
8. ORFMINSU _____
9. INMOHPCA _____
10. ELBSUPROW _____
11. ALPYOFFS _____
12. IETAPCRC _____

American Football Word Scramble 2

1. LZITB _____
2. TLOAOLFB _____
3. EDHLUD _____
4. ONFFESE _____
5. OAHCC _____
6. SYDNUA _____
7. UPNT _____
8. EITIRNETNCOP _____
9. AETM _____
10. EERECNNTIREF _____
11. EONIOSSSP _____
12. PIRZSPTEAE _____

46

American Football Word Scramble 3

1. SIAPGNS _____
2. SUGHINR _____
3. DYSAR _____
4. MOEH RPEOEN _____
5. ENSOOPPNT _____
6. HBUCOAKCT _____
7. KACS _____
8. CK FOLW _____
9. EANPYLT _____
10. FAGL _____
11. NAFS _____
12. ACUGRINBNNK _____

47

Spot The Difference
Color or circle the elements that differ
Good Luck

Spot The Difference
Color or circle the elements that differ
Good Luck

49

Spot The Difference
Color or circle the elements that differ
Good Luck

50

Cut and paste the right answer

5 4 8 6 9

Cut and paste the right answer

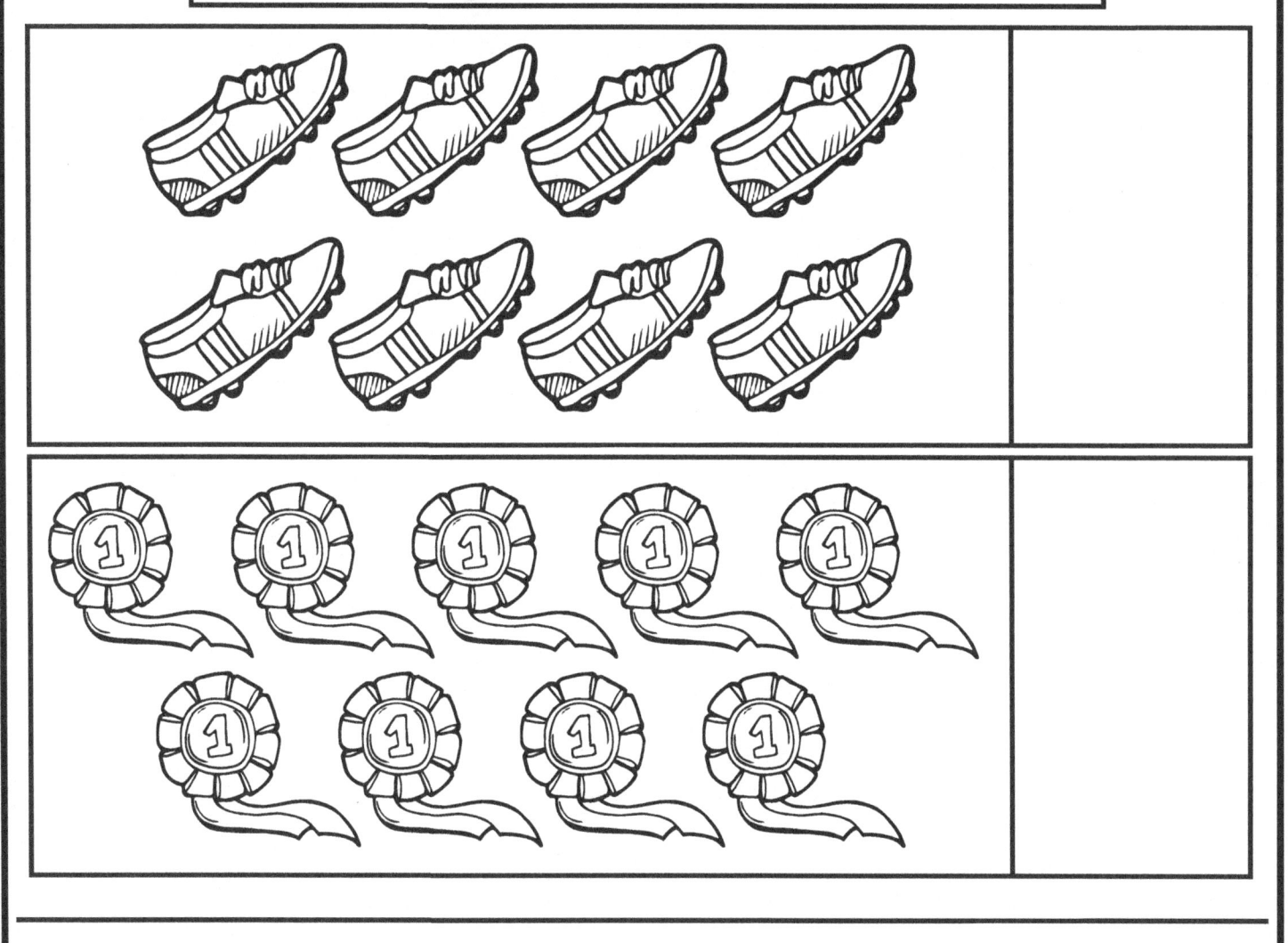

7 4 8 6 9

Cut and paste the right answer

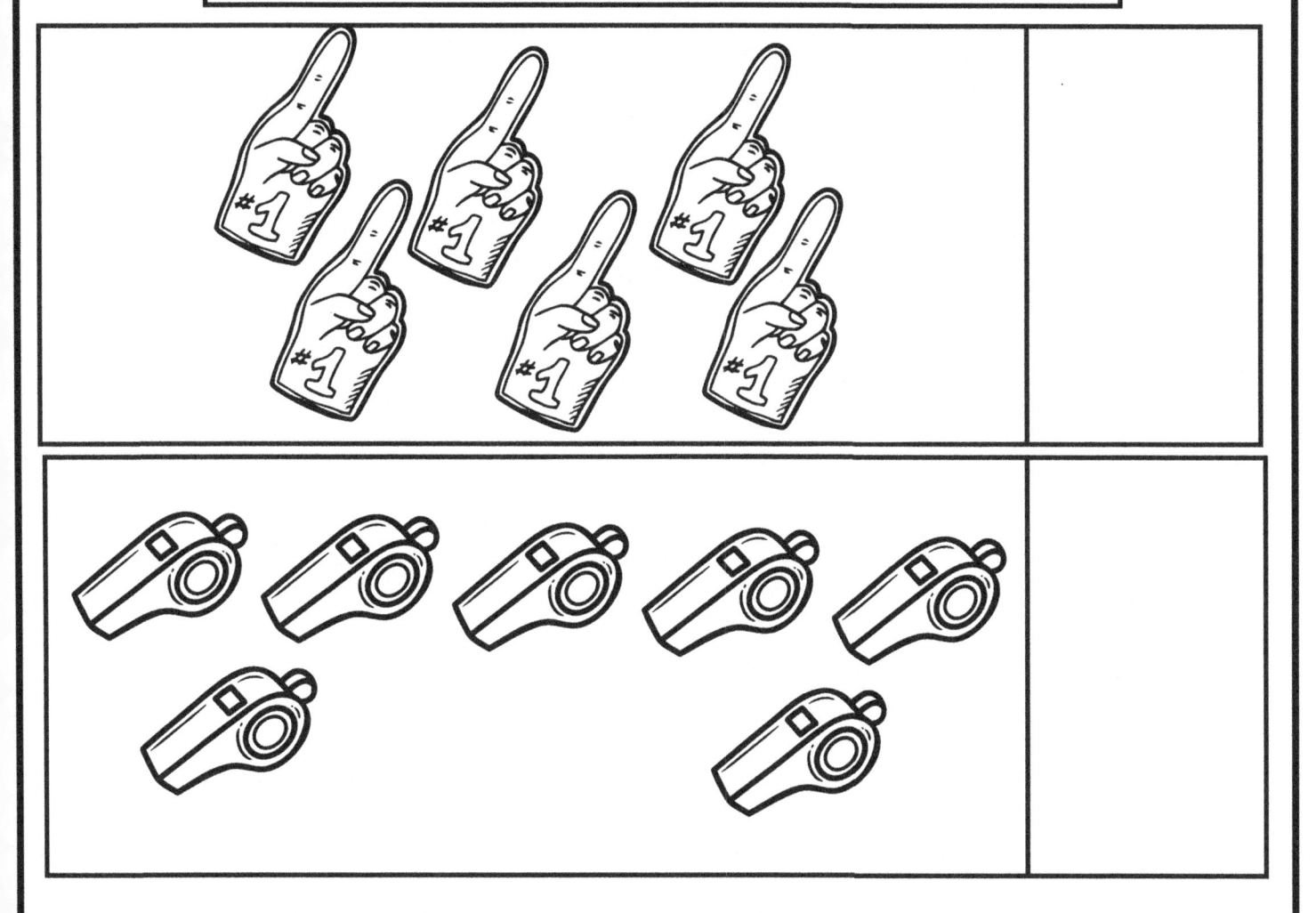

7 4 5 6 9

What picture comes Next?

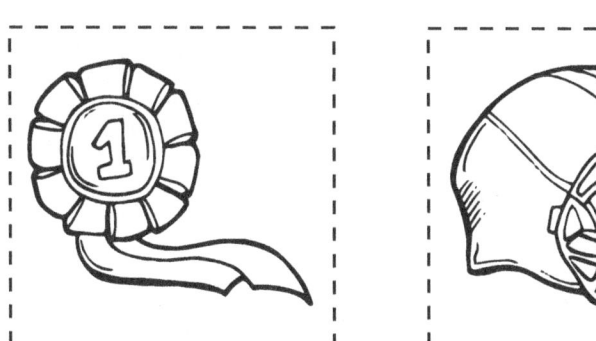

What picture comes Next?

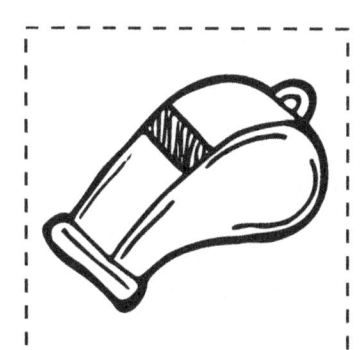

What picture comes Next?

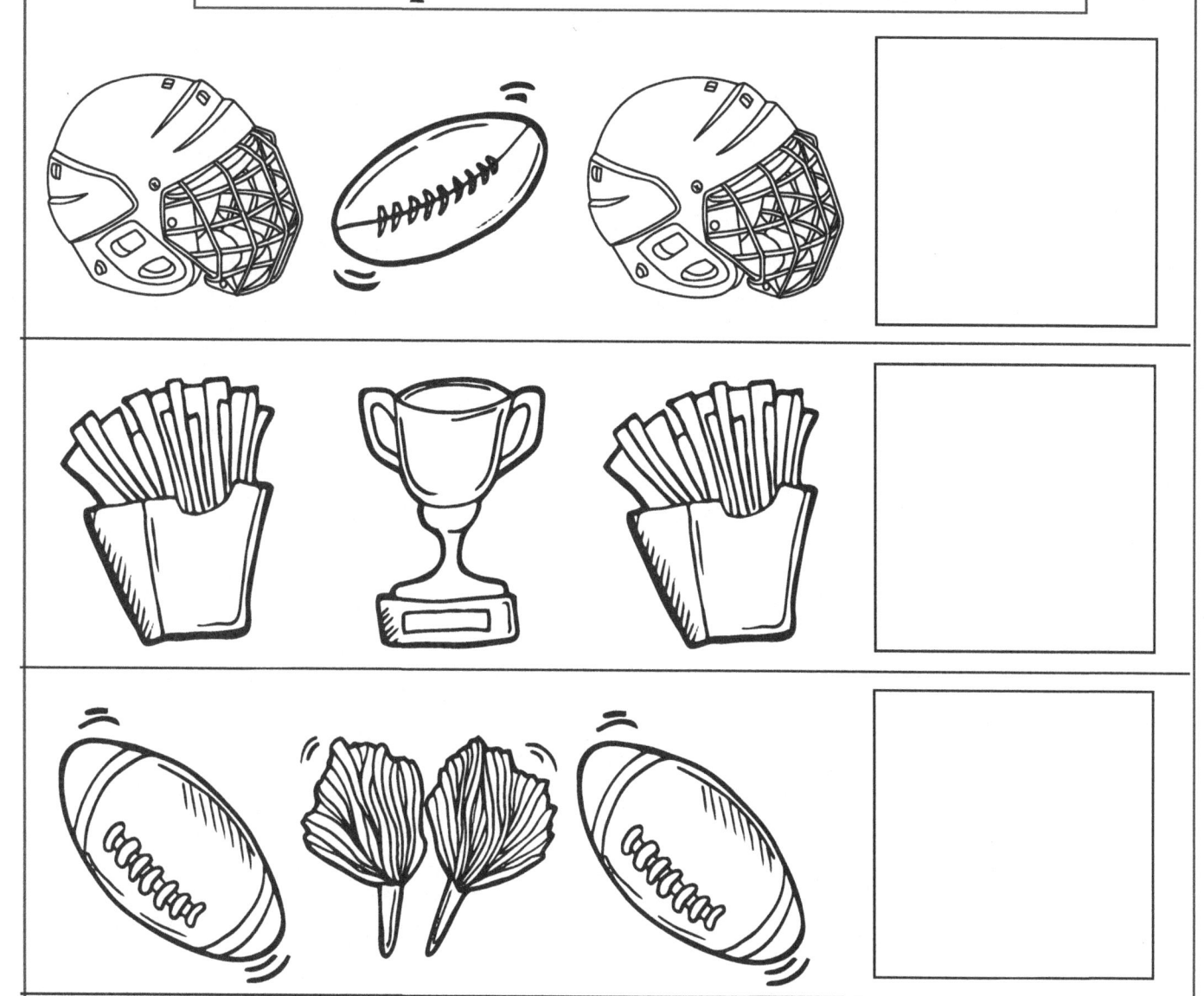

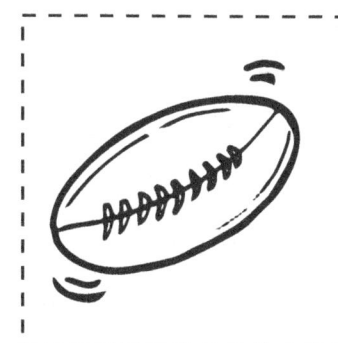

61

Tic Tac Toe

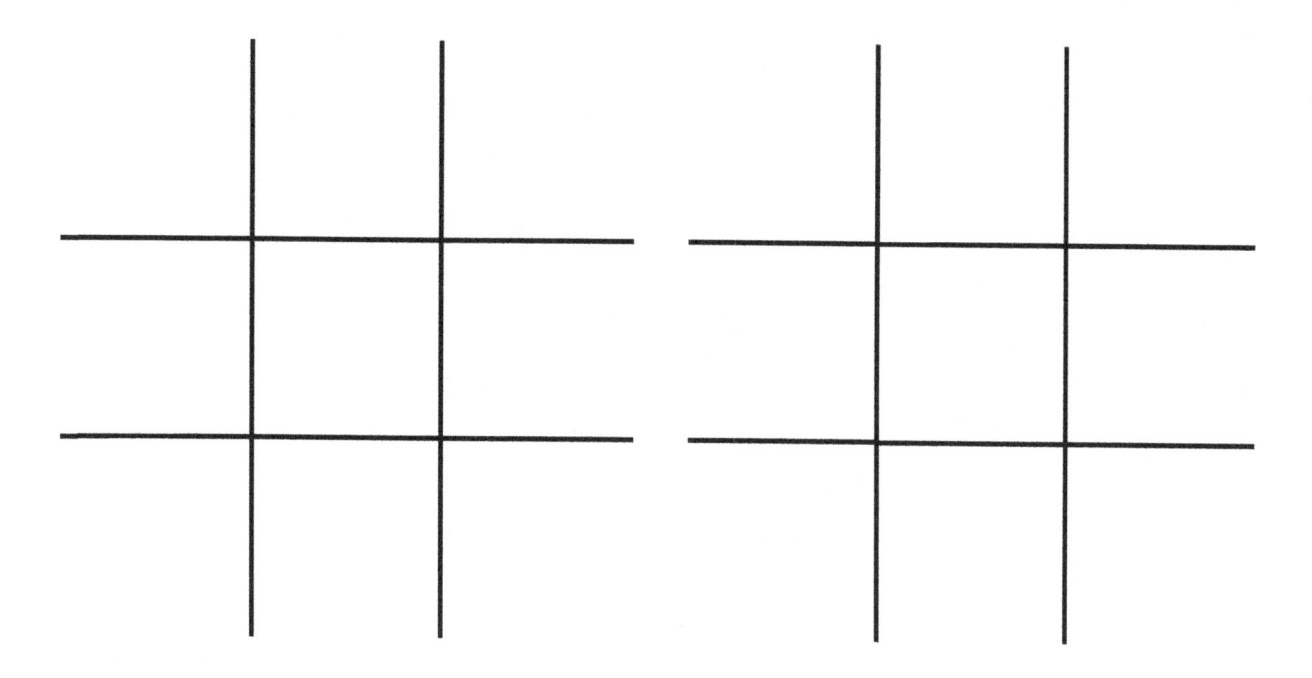

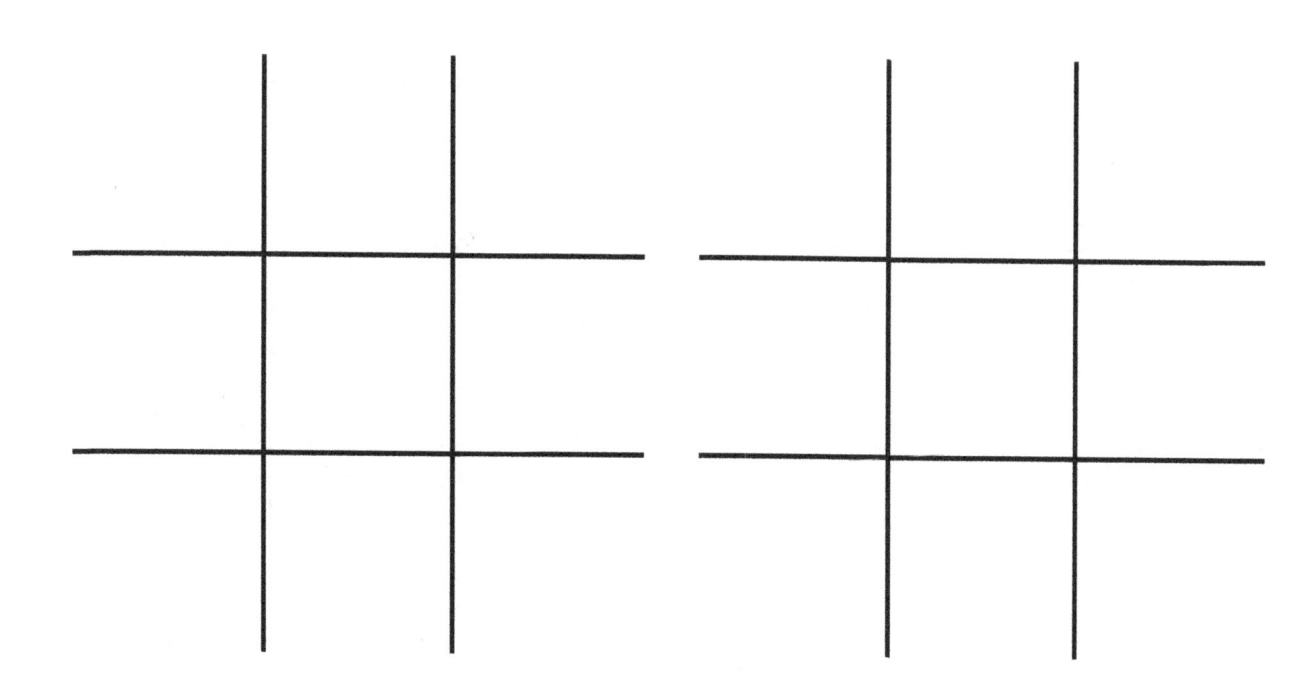

Tic Tac Toe

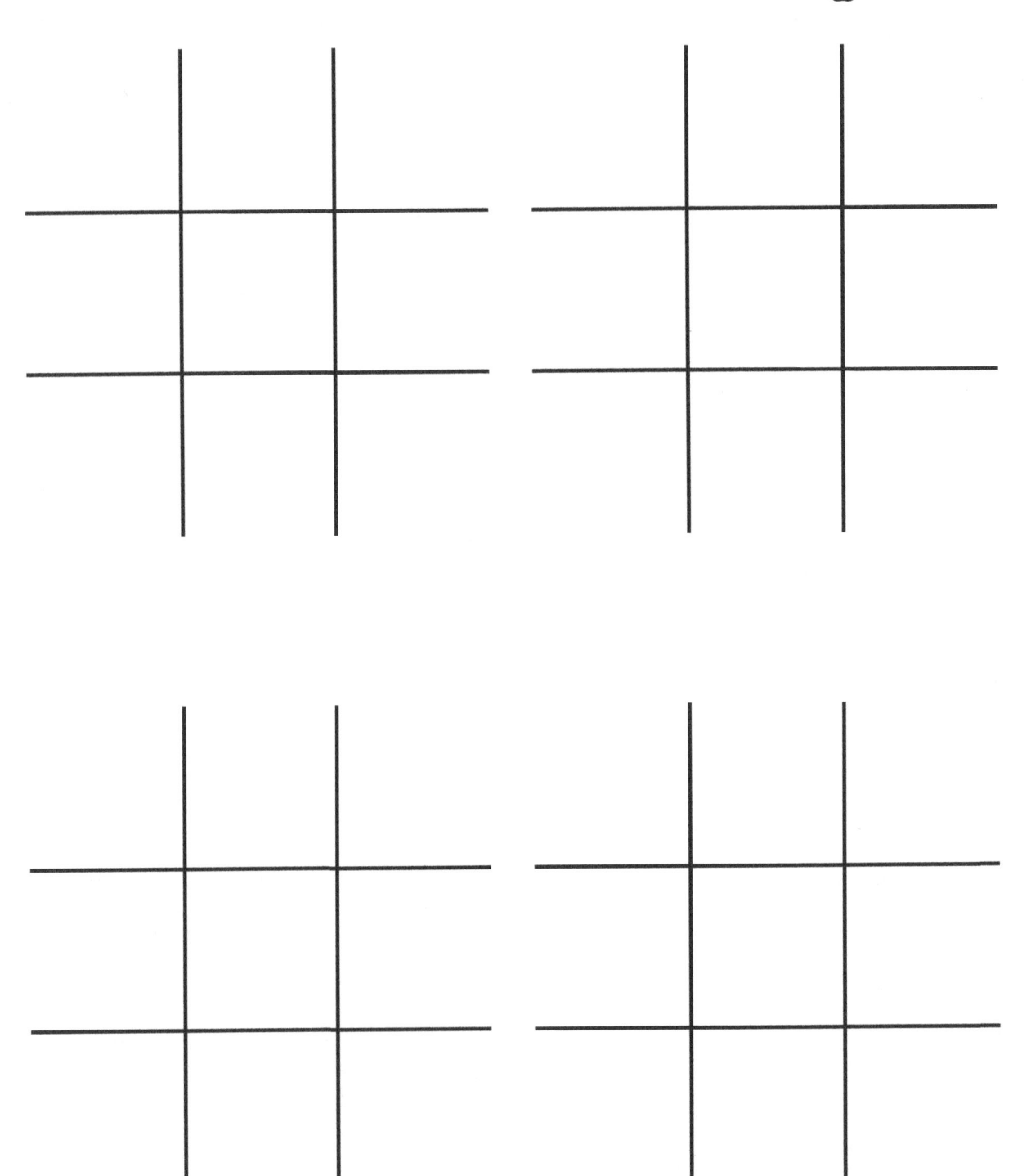

Tic Tac Toe

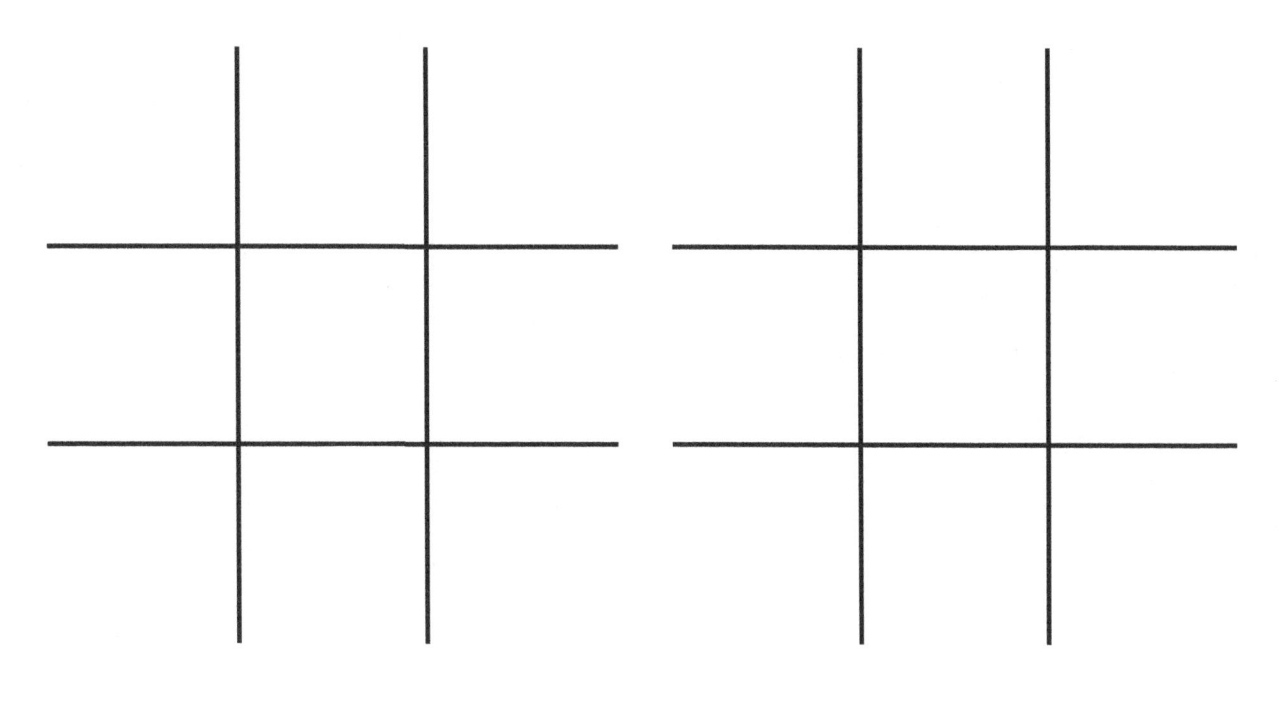

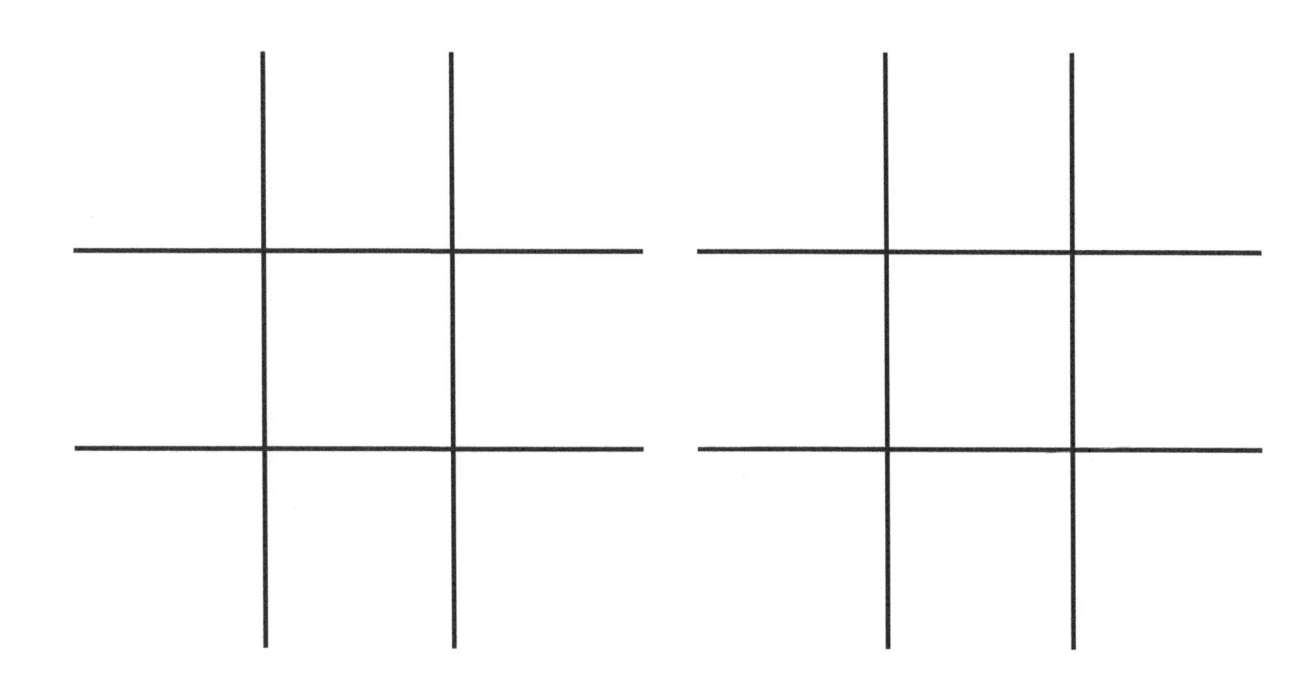

Tic Tac Toe

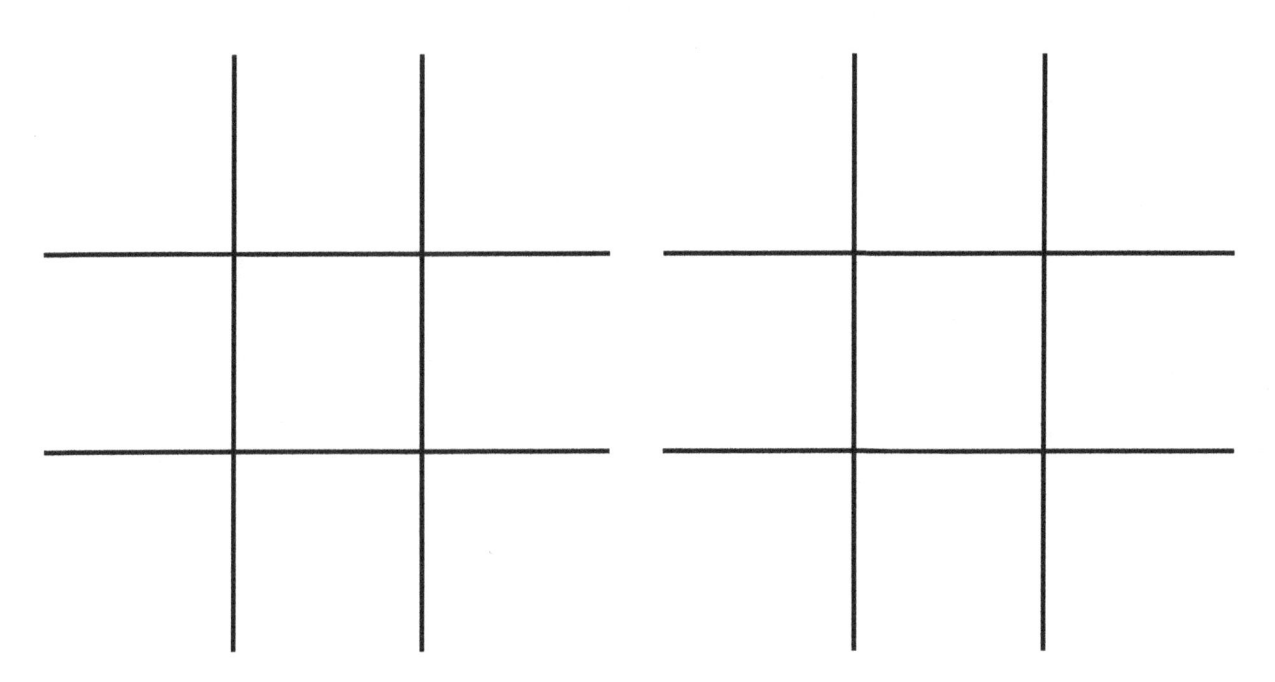

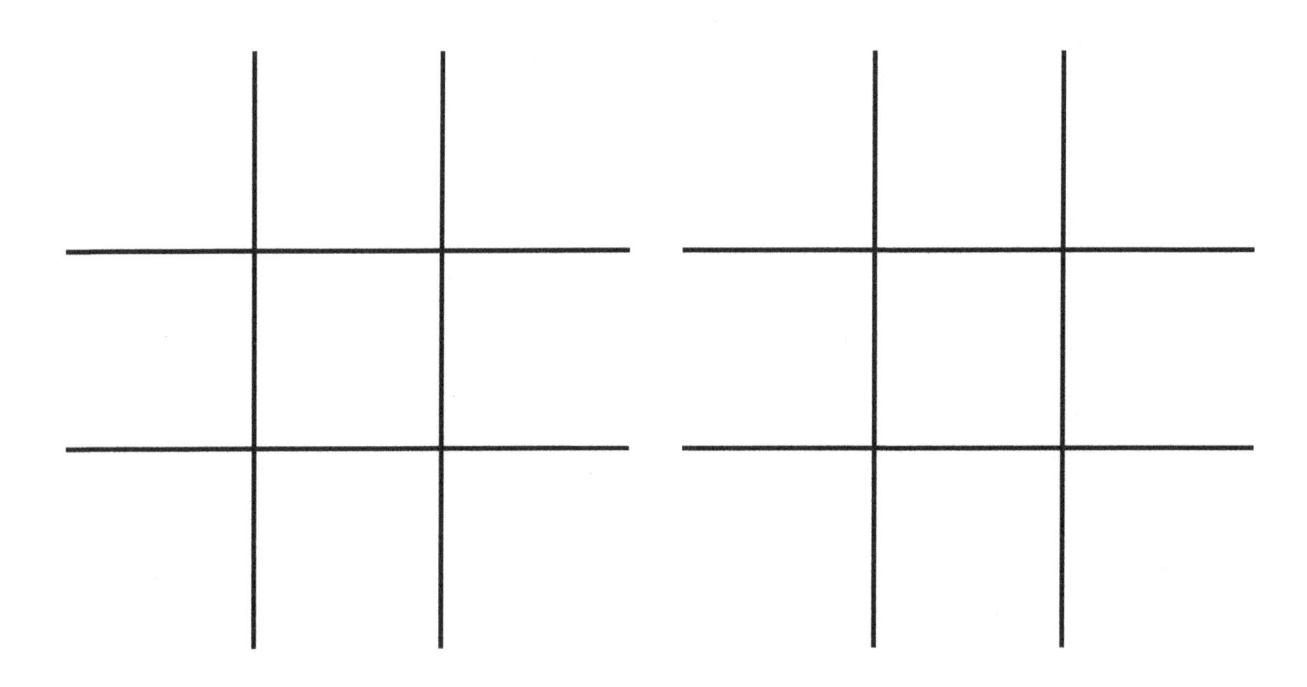

Tic Tac Toe

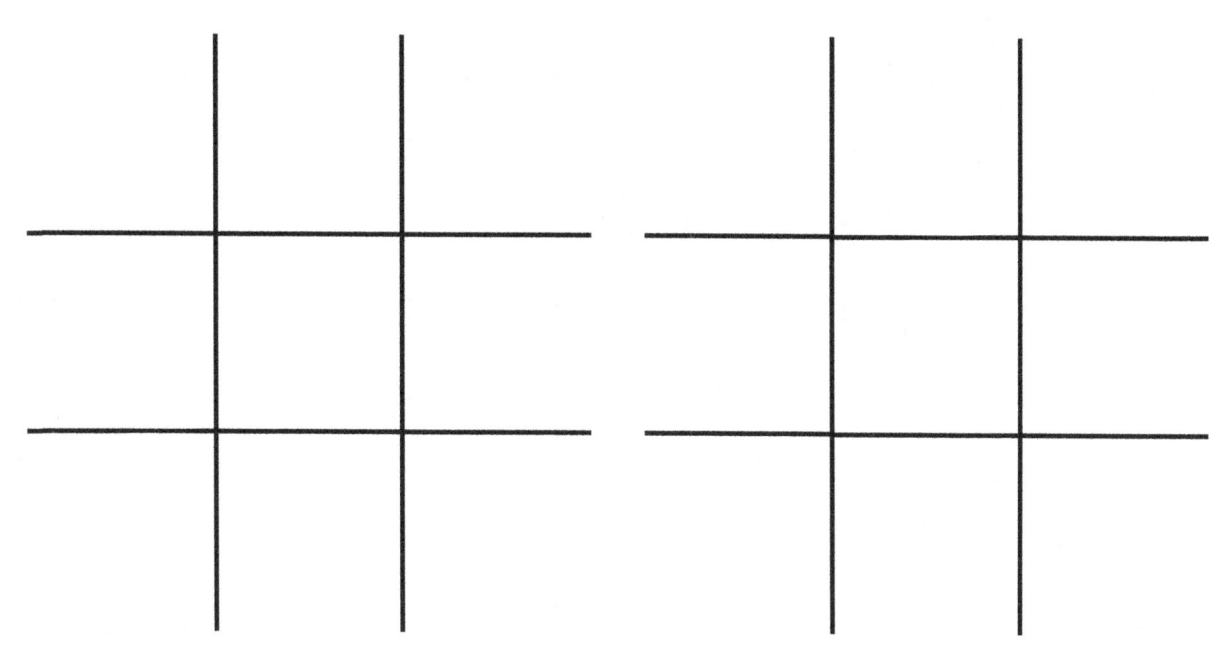

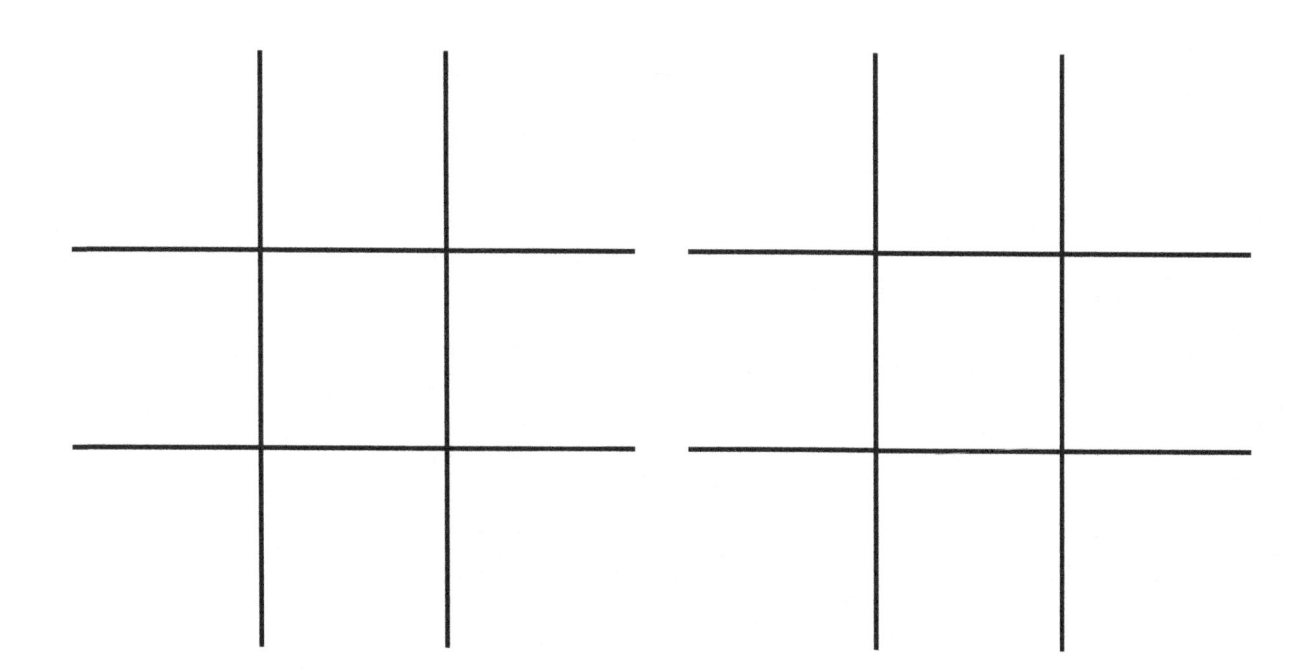

American Football Word Search 1

T	J	O	D	P	V	P	T	V	U	X	Z	P	R	F	S	I
F	W	V	O	Q	U	E	L	E	V	J	T	H	C	Y	T	V
F	B	R	W	A	H	Y	X	I	A	F	K	G	C	O	R	L
O	S	U	X	K	A	R	H	K	G	M	A	R	F	H	H	G
O	P	N	M	R	I	H	V	N	H	B	Q	N	T	L	U	O
T	U	V	D	C	W	N	S	N	R	E	X	Q	S	T	T	F
B	B	S	L	B	H	Q	Q	I	B	L	A	U	O	S	G	Y
A	L	A	L	R	D	E	F	E	B	G	P	A	S	X	H	N
L	M	W	E	I	N	T	A	O	E	L	S	T	N	F	L	A
L	L	A	O	G	D	L	E	I	F	P	D	E	Z	T	B	L
K	Q	C	K	B	V	B	X	D	Q	B	U	R	Z	Y	B	C
A	R	B	K	F	R	G	Y	C	C	D	T	N	I	Z	Z	N
D	U	G	K	I	O	E	C	N	L	D	Q	O	T	S	M	G
E	B	Y	E	Z	D	Y	P	P	I	O	X	Q	X	E	H	Q
E	Z	N	T	R	K	Z	U	U	S	P	N	T	X	F	R	T
D	V	M	F	W	U	S	K	T	S	Z	U	J	C	J	B	Q
T	F	U	Y	L	N	T	I	J	O	B	F	O	G	R	T	K

FIELD GOAL   **SUPER BOWL**   **FOOTBALL**
FANS   **NFL**   **TEAM**
QUATER   **YARDS**   **RUN**
PUNTER

68

American Football Word Search 2

```
X B Y K E Q E Z Y X Q U G H P P W
F C H F F O K C I K E N E N C D Z
T Z I H N W G P C R J F K T S G I
N O I T P E C R E T N I Y E H O F
I F T O U C H D O W N S E M U S Z
N F X U Y O G E I N Q M S L N M G
C F M M E J E R J Z P J R E K J V
O C W O R V N M U Q Y D E H H W Y
M J L X O H B J I O J D J F O T B
P B E V C T D S L T D N E Q L L U
L T E G S L X I U A F R V A D C X
E I X J U C N I X U F U N V W S K
T C N U R E E N D C X E R M Y Z P
E G X J O F L B J M P Z M R T V Q
G J Y F U V D Q A G P H Y W J M W
D A Z T C R K I S E P F O N D T F
J M G B W O Y N O X S N G Y N I L
```

KICKOFF **HELMET** **SCORE**
PENALTY **JERSEY** **TIMEOUT**
TOUCHDOWN **LINE OF** **INTERCEPTION**
INJURY

American Football Word Search 3

```
C V P B M H E H U U P T A D G E R
G Y Y J N F D I P U S O H L H N J
K I Z A D R M W W I W S R X Y I E
Z V X I E E J W P L T S D S W L P
Z Z A M O E S B G D J C M X F E U
S O M D H S N U C I C J H J G V C
L B H G F A O V J I Y S N Z N I Y
O R K Z G F E T G I I C T D Y S F
T T Z S U T N G N T I G H T E N D
R Y P M A E X W N X B W B Y H E L
E G L W R Y Q T O X K M Z A C F S
C J A V T E G K V D W Z L F Y E A
E H Y I F U T M G R T F B K L D A
I L O O V C L N C O T S W S R L S
V T F B O P W Q E I X J R U J D K
E O F H Z P I W M C H X G I B E S
R G S F I O Y E A C Y P W V F U Q
```

PITCH CENTER TIGHT END
TOSS FIRST DOWN FREE SAFTEY
HALF-TIME SLOT RECEIVER PLAYOFFS
DEFENSIVE LINE

70

American Football Word Search 4

```
P K I Z H K K C A B G N I N N U R
U A Y M Z R E J Y D T U Y G H O O
N U P A K Z R R B R O N D I H L V
T Y W M K C A B E V I S N E F E D
R A N X G Z H X U L U E X H D I K
E W V D Q M C E W I E I X A T C R
T F X B U R T L W C N K H T A E G
U S D O A D A O W A S T X B P X V
R M E C R Y C P A Y Y T R P H E Y
N N D U T E X I P M B E A D Z F K
E V S I E T J N E X N N Y D V O G
R F B T R F D N S R S M P X I T U
Y D G P B A P Z O G U L R F Q U I
L V P T A S N C N W M L Y B B M M
N H Z K C Z S O F D F H J N C T B
M G P A K K L N E H S H G U A R D
D L M Y T J L M O A B L N O E L K
```

STADIUM   CATCH   RUNNING BACK
SAFTEY   CORNERBACK   DEFENSIVE BACK
QUARTERBACK   GUARD   PUNT RETURNER
LONG SNAPPER

71

American Football Word Search 5

```
R Q H R K U A B Y G W F C U C Q Q
I E F J F R U B T H X Q U W D S J
G X K S T R O N G S A F T E Y S X
W W J C F Y E W Q M H L M E D E C
I K C L A J C N D H A Y F M J O U
D T O R B B E S R J S E A B A M D
E R R J M X E Y T U Y L R C A B C
R Y E Q J A T N L G T Q H L X C X
E L K C A T E V I S N E F E D E K
C B C T U U E L Q L P K R R H G V
E D I H P K V X R L E W T K B K F
I M K W J V Y G Y X N D E Y C O S
V U B A L F J Q Z J V X I J J I S
E N I L E V I C N E F F O S Z J K
R H H T I C J J B Z K H B L T Y M
Y D E F E N S I V E E N D J I U C
L K P P V C U F G U H C M W A Y O
```

OUTSIDE LINEBACKER   DEFENSIVE TACKLE   KICK RETURNER

DEFENSIVE END   STRONG SAFTEY   COACH

WIDE RECEIVER   OFFENCIVE LINE   HALF BACK

KICKER

Easy

AMERICAN FOOTBALL MAZE - 1

Easy   **AMERICAN FOOTBALL MAZE - 2**

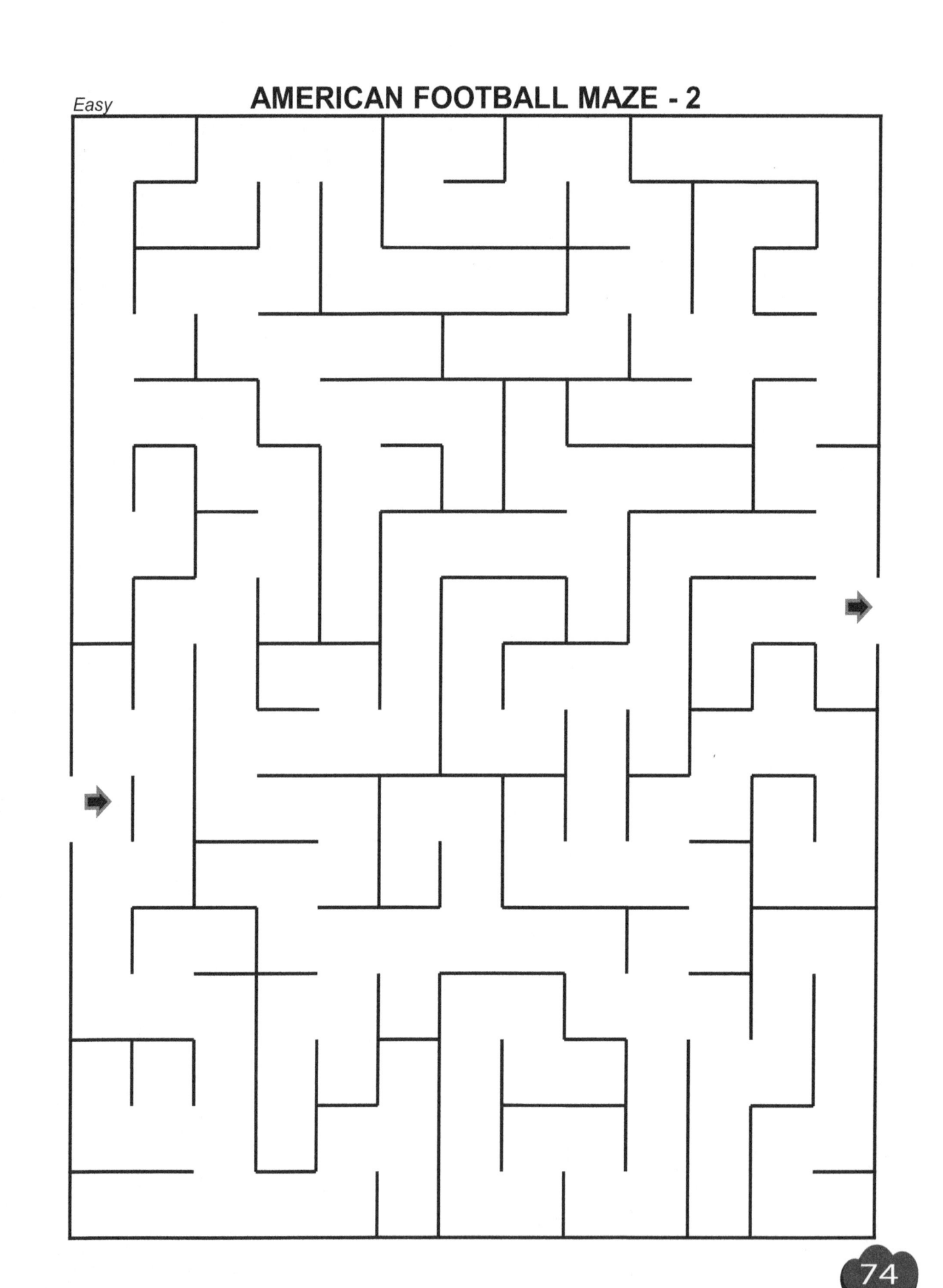

Intermediate   **AMERICAN FOOTBALL MAZE - 3**

Intermediate **AMERICAN FOOTBALL MAZE - 4**

Hard **AMERICAN FOOTBALL MAZE**

American Football Crossword 1

Across

2. the opposite of defense is...
4. another word for a "team"
6. a tournament
8. the feeling when you win something
9. the other team
10. when you score, a synonym for a "goal"

Down

1. they encourage a team
3. to unite
5. the place where you play a game
7. the feeling when you love your country

American Football Crossword 2

Across

3. which team does tom brady play for?.
6. Which month was this sport first played
8. Who was the most valuble player in the 2019 super bowl
9. who won the most recent superbowl
10. What is the last pick in the NFL draft called

Down

1. Who was the last pick in the 2020 draft
2. in history who was the best NFL running back
4. Where was this sport made?.
5. How old is tom brady
7. Who was the first overall pick in the 2020 NFL draft

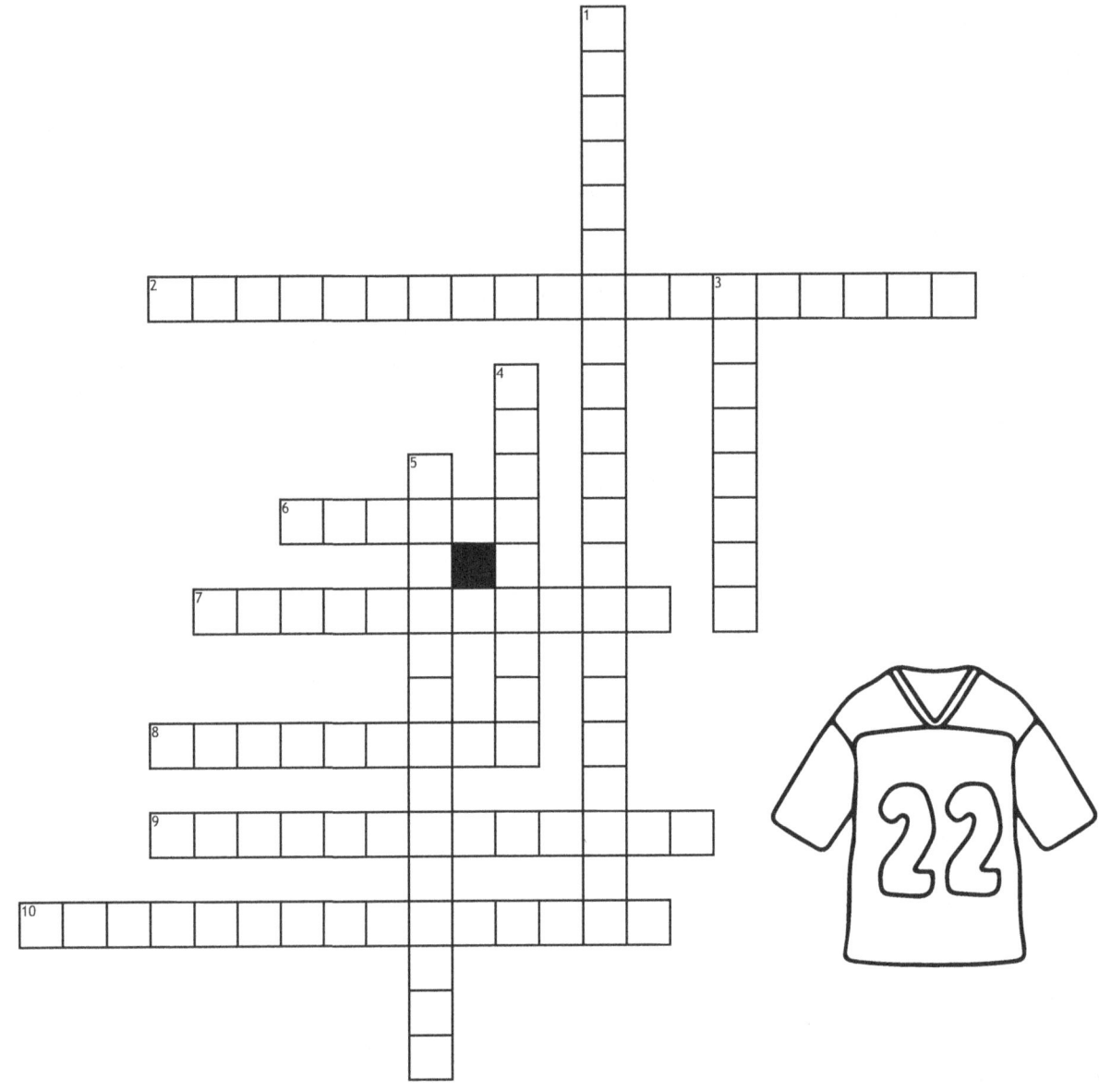

American Football Crossword 3

Across
2. What is the name of the super bowl trophie
6. The area where the offense lines up before the play begins.
7. Who is the quater back of the giants
8. Who is the quater back of the new orleans
9. Who won superbowl 46
10. who won the first super bowl

Down
1. both the name of the flag and the national anthem
3. who is the oldest quater back in the nfl currently
4. they contribute to celebrate a victory with lots of lights in the sky
5. Who did the New-York-Giants draft in 2014

American Football Crossword 4

Across
2. The defensive player who tries to tackle the ball carrier.
5. The area where football players score points.
6. The line that the offense must cross to get a first down.
8. What american football team has won the most super-bowls
10. The team with possession of the football.

Down
1. What is the worst team in the NFL
3. The person who throws the football.
4. The football position responsible for catching passes.
7. The protective gear worn on the head during football games.
9. The number of points awarded for a touchdown.

American Football Crossword 5

Across
4. The term for when a player scores by catching the football in the end zone.
8. The penalty for tackling a player by grabbing their facemask.
9. The number of downs a team has to advance the ball ten yards.
10. The position responsible for kicking field goals and extra points.

Down
1. The area of the football field between the two end zones.
2. The area on the field where the offense begins its play.
3. The term for when the defense intercepts a pass.
5. The distance between the two parallel lines on the football field.
6. The football play where the quarterback hands the ball off to a running back.
7. The penalty for moving before the snap of the ball.

I spy & Count it

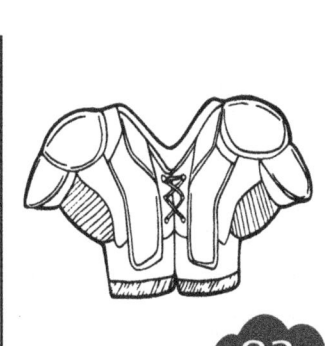

83

I spy & Count it

Solutions:

American Football Word Scramble 1

1. EIKKRC Kicker
2. QETARCKURAB Quarterback
3. NESEDEF Defense
4. OTONWHCUD Touchdown
5. ALLFDGEIO FieldGoal
6. DNETGTIH TightEnd
7. OENEZND EndZone
8. ORFMINSU Uniforms
9. INMOHPCA Champion
10. ELBSUPROW SuperBowl
11. ALPYOFFS Playoffs
12. IETAPCRC Practice

American Football Word Scramble 2

1. LZITB <u>blitz</u>
2. TLOAOLFB <u>football</u>
3. EDHLUD <u>huddle</u>
4. ONFFESE <u>offense</u>
5. OAHCC <u>coach</u>
6. SYDNUA <u>sunday</u>
7. UPNT <u>punt</u>
8. EITIRNETNCOP <u>interception</u>
9. AETM <u>team</u>
10. EERECNNTIREF <u>interference</u>
11. EONIOSSSP <u>posession</u>
12. PIRZSPTEAE <u>Appetizers</u>

American Football Word Scramble 3

1. SIAPGNS <u>PASSING</u>
2. SUGHINR <u>RUSHING</u>
3. DYSAR <u>YARDS</u>
4. MOEH RPEOEN <u>HOME OPENER</u>
5. ENSOOPPNT <u>OPPONENTS</u>
6. HBUCOAKCT <u>TOUCHBACK</u>
7. KACS <u>SACK</u>
8. CK FOLW <u>KC WOLF</u>
9. EANPYLT <u>PENALTY</u>
10. FAGL <u>FLAG</u>
11. NAFS <u>FANS</u>
12. ACUGRINBNNK <u>RUNNINGBACK</u>

American Football Word Search 1

T	J	O	D	P	V	P	T	V	U	X	Z	P	R	F	S	I
F	W	V	O	Q	U	E	L	E	V	J	T	H	C	Y	T	V
F	B	R	W	A	H	Y	X	I	A	F	K	G	C	O	R	L
O	S	U	X	K	A	R	H	K	G	M	A	R	F	H	H	G
O	P	N	M	R	I	H	V	N	H	B	Q	N	T	L	U	O
T	U	V	D	C	W	N	S	N	R	E	X	Q	S	T	T	F
B	B	S	L	B	H	Q	Q	I	B	L	A	U	O	S	G	Y
A	L	A	L	R	D	E	F	E	B	G	P	A	S	X	H	N
L	M	W	E	I	N	T	A	O	E	L	S	T	N	F	L	A
L	L	A	O	G	D	L	E	I	F	P	D	E	Z	T	B	L
K	Q	C	K	B	V	B	X	D	Q	B	U	R	Z	Y	B	C
A	R	B	K	F	R	G	Y	C	C	D	T	N	I	Z	Z	N
D	U	G	K	I	O	E	C	N	L	D	Q	O	T	S	M	G
E	B	Y	E	Z	D	Y	P	P	I	O	X	Q	X	E	H	Q
E	Z	N	T	R	K	Z	U	U	S	P	N	T	X	F	R	T
D	V	M	F	W	U	S	K	T	S	Z	U	J	C	J	B	Q
T	F	U	Y	L	N	T	I	J	O	B	F	O	G	R	T	K

FIELD GOAL **SUPER BOWL** **FOOTBALL**
FANS **NFL** **TEAM**
QUATER **YARDS** **RUN**
PUNTER

American Football Word Search 2

X	B	Y	K	E	Q	E	Z	Y	X	Q	U	G	H	P	P	W
F	C	H	F	F	O	K	C	I	K	E	N	E	N	C	D	Z
T	Z	I	H	N	W	G	P	C	R	J	F	K	T	S	G	I
N	O	I	T	P	E	C	R	E	T	N	I	Y	E	H	O	F
I	F	T	O	U	C	H	D	O	W	N	S	E	M	U	S	Z
N	F	X	U	Y	O	G	E	I	N	Q	M	S	L	N	M	G
C	F	M	M	E	J	E	R	J	Z	P	J	R	E	K	J	V
O	C	W	O	R	V	N	M	U	Q	Y	D	E	H	H	W	Y
M	J	L	X	O	H	B	J	I	O	J	D	J	F	O	T	B
P	B	E	V	C	T	D	S	L	T	D	N	E	Q	L	L	U
L	T	E	G	S	L	X	I	U	A	F	R	V	A	D	C	X
E	I	X	J	U	C	N	I	X	U	F	U	N	V	W	S	K
T	C	N	U	R	E	E	N	D	C	X	E	R	M	Y	Z	P
E	G	X	J	O	F	L	B	J	M	P	Z	M	R	T	V	Q
G	J	Y	F	U	V	D	Q	A	G	P	H	Y	W	J	M	W
D	A	Z	T	C	R	K	I	S	E	P	F	O	N	D	T	F
J	M	G	B	W	O	Y	N	O	X	S	N	G	Y	N	I	L

KICKOFF　　**HELMET**　　**SCORE**

PENALTY　　**JERSEY**　　**TIMEOUT**

TOUCHDOWN　**LINE OF**　　**INTERCEPTION**

INJURY

American Football Word Search 3

```
C V P B M H E H U U P T A D G E R
G Y Y J N F D I P U S O H L H N J
K I Z A D R M W W I W S R X Y I E
Z V X I E E J W P L T S D S W L P
Z Z A M O E S B G D J C M X F E U
S O M D H S N U C I C J H J G V C
L B H G F A O V J I Y S N Z N I Y
O R K Z G F E T G I I C T D Y S F
T T Z S U T N G N T I G H T E N D
R Y P M A E X W N X B W B Y H E L
E G L W R Y Q T O X K M Z A C F S
C J A V T E G K V D W Z L F Y E A
E H Y I F U T M G R T F B K L D A
I L O O V C L N C O T S W S R L S
V T F B O P W Q E I X J R U J D K
E O F H Z P I W M C H X G I B E S
R G S F I O Y E A C Y P W V F U Q
```

PITCH   CENTER   TIGHT END
TOSS   FIRST DOWN   FREE SAFTEY
HALF-TIME   SLOT RECEIVER   PLAYOFFS
DEFENSIVE LINE

American Football Word Search 4

P	K	I	Z	H	K	K	C	A	B	G	N	I	N	N	U	R
U	A	Y	M	Z	R	E	J	Y	D	T	U	Y	G	H	O	O
N	U	P	A	K	Z	R	R	B	R	O	N	D	I	H	L	V
T	Y	W	M	K	C	A	B	E	V	I	S	N	E	F	E	D
R	A	N	X	G	Z	H	X	U	L	U	E	X	H	D	I	K
E	W	V	D	Q	M	C	E	W	I	E	I	X	A	T	C	R
T	F	X	B	U	R	T	L	W	C	N	K	H	T	A	E	G
U	S	D	O	A	D	A	O	W	A	S	T	X	B	P	X	V
R	M	E	C	R	Y	C	P	A	Y	Y	T	R	P	H	E	Y
N	N	D	U	T	E	X	I	P	M	B	E	A	D	Z	F	K
E	V	S	I	E	T	J	N	E	X	N	N	Y	D	V	O	G
R	F	B	T	R	F	D	N	S	R	S	M	P	X	I	T	U
Y	D	G	P	B	A	P	Z	O	G	U	L	R	F	Q	U	I
L	V	P	T	A	S	N	C	N	W	M	L	Y	B	B	M	M
N	H	Z	K	C	Z	S	O	F	D	F	H	J	N	C	T	B
M	G	P	A	K	K	L	N	E	H	S	H	G	U	A	R	D
D	L	M	Y	T	J	L	M	O	A	B	L	N	O	E	L	K

STADIUM   CATCH   RUNNING BACK
SAFTEY   CORNERBACK   DEFENSIVE BACK
QUARTERBACK   GUARD   PUNT RETURNER
LONG SNAPPER

American Football Word Search 5

```
R Q H R K U A B Y G W F C U C Q Q
I E F J F R U B T H X Q U W D S J
G X K S T R O N G S A F T E Y S X
W W J C F Y E W Q M H L M E D E C
I K C L A J C N D H A Y F M J O U
D T O R B B E S R J S E A B A M D
E R J M X E Y T U Y L R C A B C
R Y E Q J A T N L G T Q H L X C X
E L K C A T E V I S N E F E D E K
C B C T U U E L Q L P K R R H G V
E D I H P K V X R L E W T K B K F
I M K W J V Y G Y X N D E Y C O S
V U B A L F J Q Z J V X I J J I S
  E N I L E V I C N E F F O S Z J K
R H H T I C J J B Z K H B L T Y M
Y D E F E N S I V E E N D J I U C
L K P P V C U F G U H C M W A Y O
```

OUTSIDE LINEBACKER   DEFENSIVE TACKLE   KICK RETURNER

DEFENSIVE END   STRONG SAFTEY   COACH

WIDE RECEIVER   OFFENCIVE LINE   HALF BACK

KICKER

AMERICAN FOOTBALL MAZE - 1

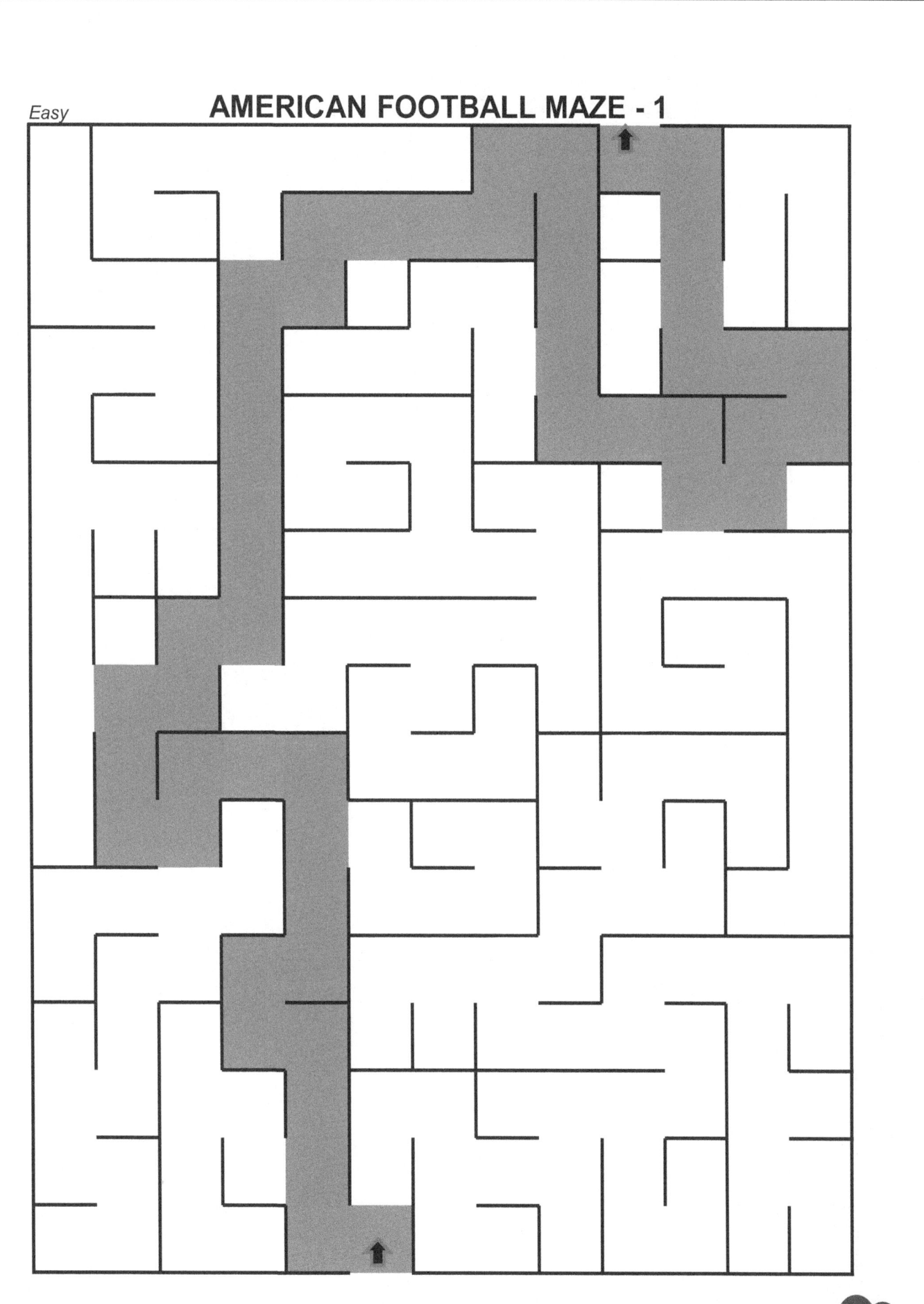

Easy

93

Easy # AMERICAN FOOTBALL MAZE - 2

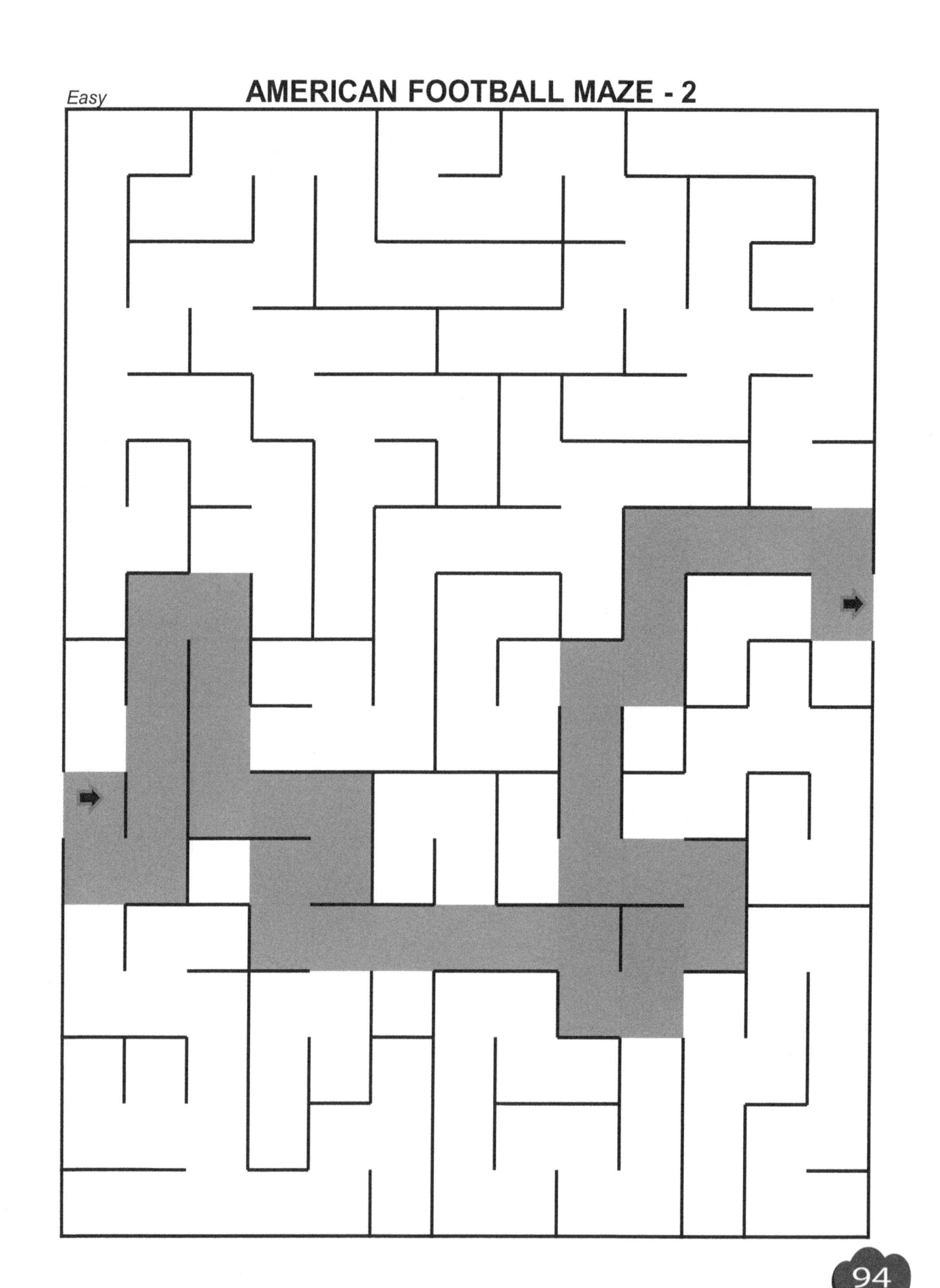

94

Intermediate **AMERICAN FOOTBALL MAZE - 3**

Intermediate **AMERICAN FOOTBALL MAZE - 4**

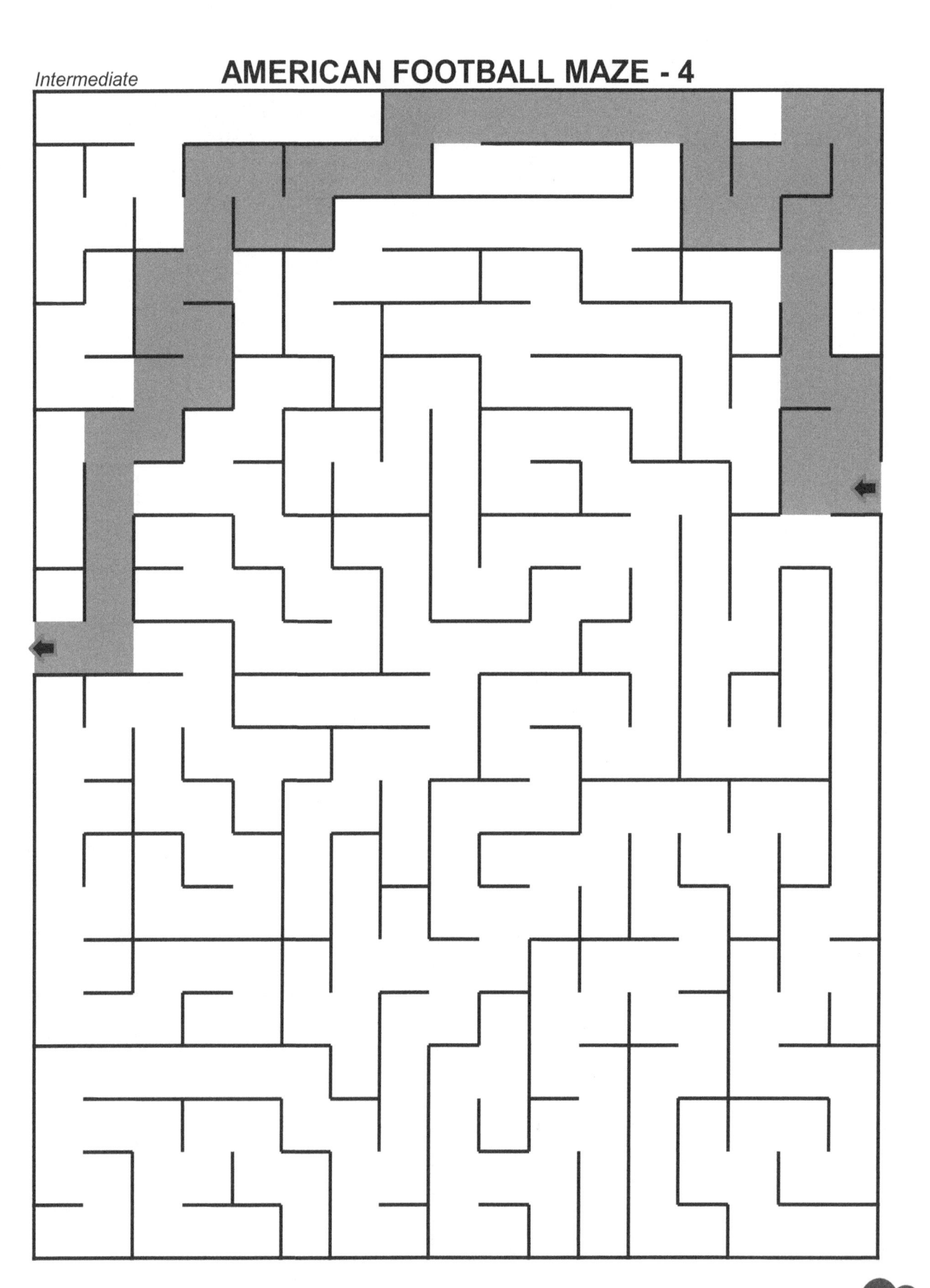

Hard

AMERICAN FOOTBALL MAZE

American Football Crossword 1

```
        ¹C
        H
        E
²O F F E N S E
        R           ³G
        L     ⁴S Q U A D
        E     ⁵F    T
⁶C H A M P I O N S H I ⁷P
 D        E       E   A
 E        L       R   T
⁸P R O U D            R
 S                    I
                      O
         ⁹O P P O N E N T
                      I
              ¹⁰T O U C H D O W N
```

Across

2. the opposite of defense is...
4. another word for a "team"
6. a tournament
8. the feeling when you win something
9. the other team
10. when you score, a synonym for a "goal"

Down

1. they encourage a team
3. to unite
5. the place where you play a game
7. the feeling when you love your country

98

American Football Crossword 2

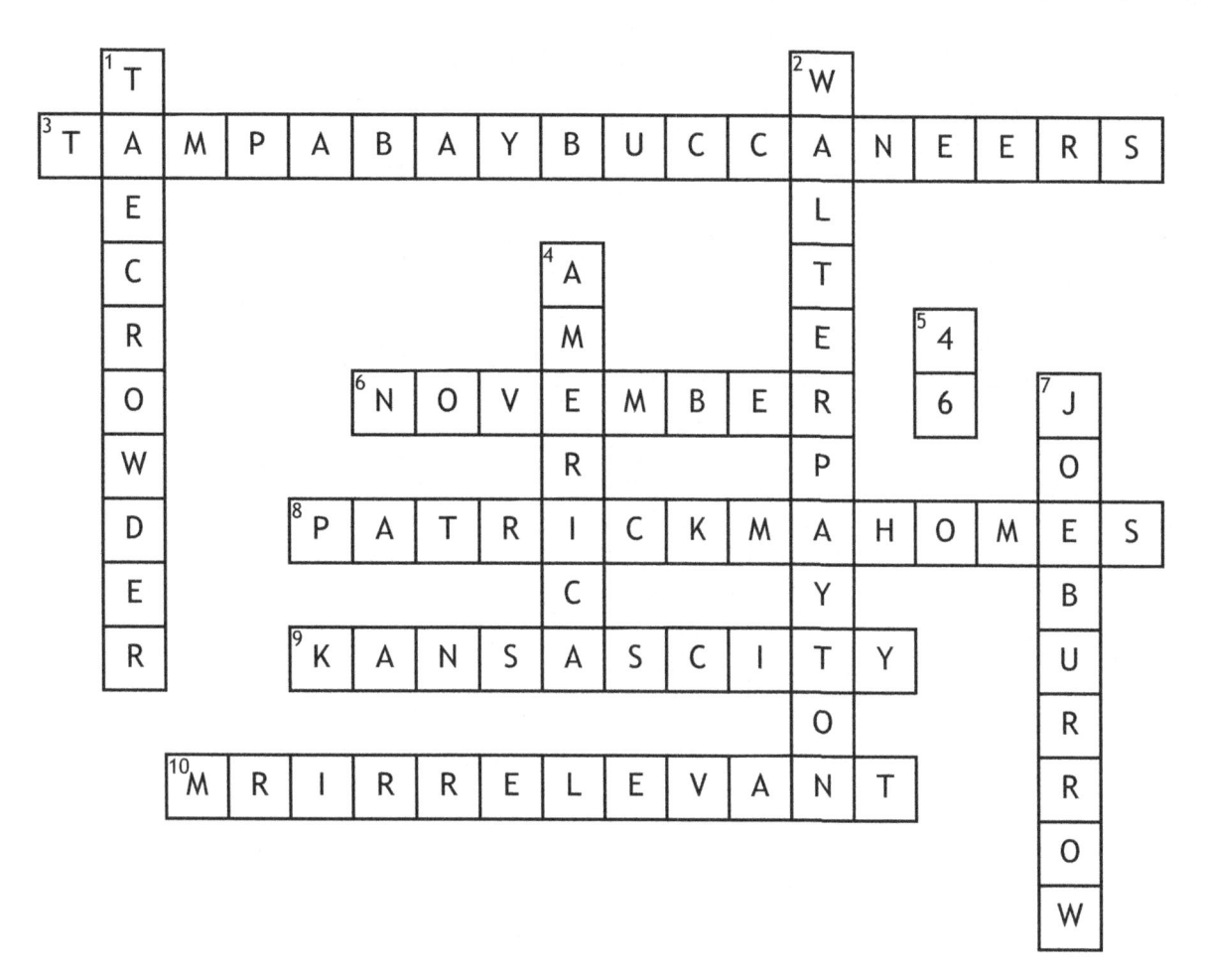

Across
3. which team does tom brady play for?.
6. Which month was this sport first played
8. Who was the most valuable player in the 2019 super bowl
9. who won the most recent superbowl
10. What is the last pick in the NFL draft called

Down
1. Who was the last pick in the 2020 draft
2. in history who was the best NFL running back
4. Where was this sport made?.
5. How old is tom brady
7. Who was the first overall pick in the 2020 NFL draft

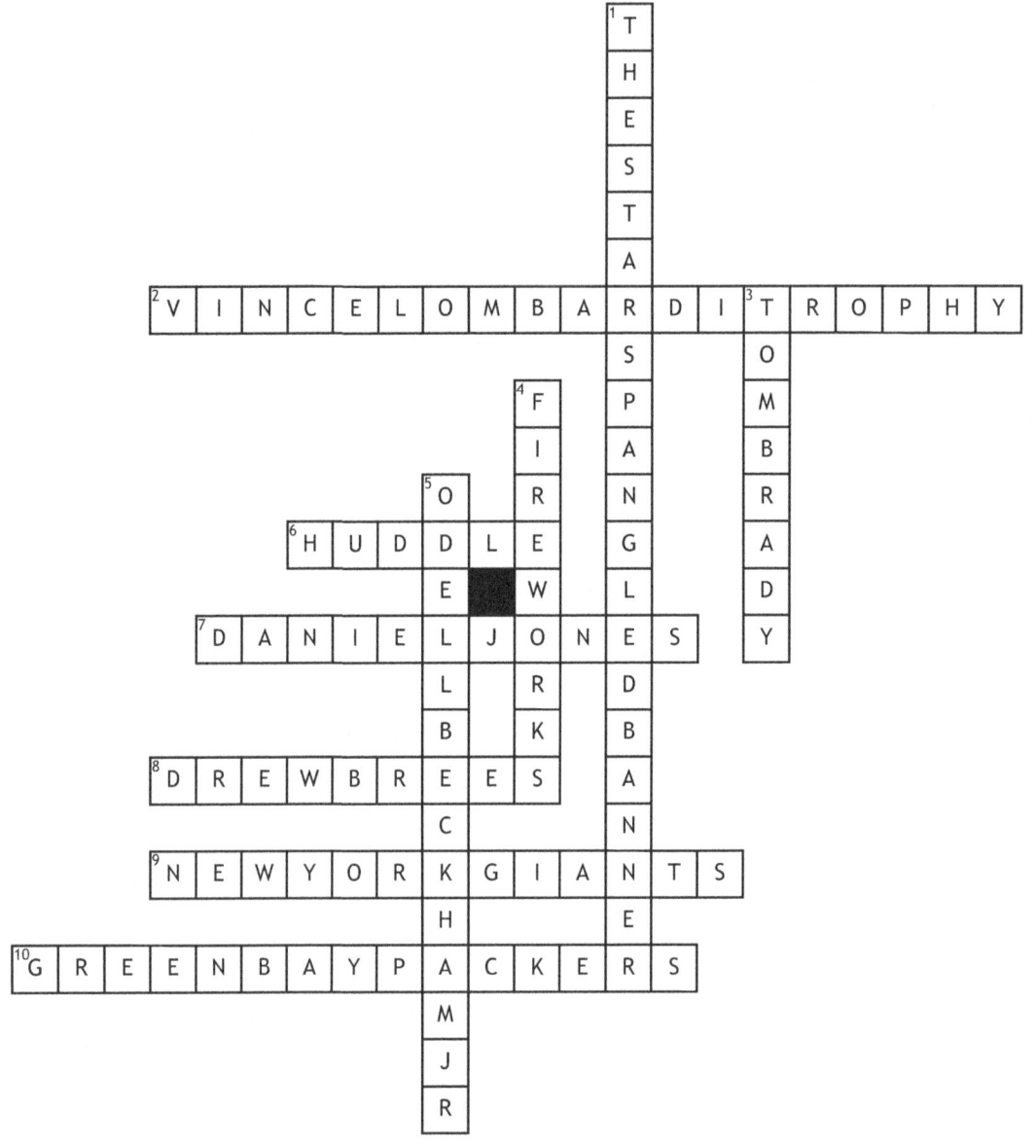

American Football Crossword 3

Across
2. What is the name of the super bowl trophie
6. The area where the offense lines up before the play begins.
7. Who is the quater back of the giants
8. Who is the quater back of the new orleans
9. Who won superbowl 46
10. who won the first super bowl

Down
1. both the name of the flag and the national anthem
3. who is the oldest quater back in the nfl currently
4. they contribute to celebrate a victory with lots of lights in the sky
5. Who did the New-York-Giants draft in 2014

American Football Crossword 4

Across

2. The defensive player who tries to tackle the ball carrier.
5. The area where football players score points.
6. The line that the offense must cross to get a first down.
8. What american football team has won the most super-bowls
10. The team with possession of the football.

Down

1. What is the worst team in the NFL
3. The person who throws the football.
4. The football position responsible for catching passes.
7. The protective gear worn on the head during football games.
9. The number of points awarded for a touchdown.

101

American Football Crossword 5

Across
4. The term for when a player scores by catching the football in the end zone.
8. The penalty for tackling a player by grabbing their facemask.
9. The number of downs a team has to advance the ball ten yards.
10. The position responsible for kicking field goals and extra points.

Down
1. The area of the football field between the two end zones.
2. The area on the field where the offense begins its play.
3. The term for when the defense intercepts a pass.
5. The distance between the two parallel lines on the football field.
6. The football play where the quarterback hands the ball off to a running back.
7. The penalty for moving before the snap of the ball.

Made in United States
Orlando, FL
30 January 2025